不列颠风云志
诺曼征服前的一千零一年

韩伟 著

生活·讀書·新知 三联书店

Copyright © 2025 by SDX Joint Publishing Company.
All Rights Reserved.
本作品版权由生活·读书·新知三联书店所有。
未经许可,不得翻印。

图书在版编目(CIP)数据

不列颠风云志:诺曼征服前的一千零一年 / 韩伟著.
北京:生活·读书·新知三联书店,2025.8.
ISBN 978-7-108-08129-2

Ⅰ.K561.09

中国国家版本馆 CIP 数据核字第 2025ZJ9792 号

责任编辑	陈富余
装帧设计	康　健
责任校对	张　睿
责任印制	李思佳
出版发行	生活·讀書·新知 三联书店
	(北京市东城区美术馆东街 22 号 100010)
网　　址	www.sdxjpc.com
经　　销	新华书店
印　　刷	三河市航远印刷有限公司
版　　次	2025 年 8 月北京第 1 版
	2025 年 8 月北京第 1 次印刷
开　　本	787 毫米 × 1092 毫米　1/32　印张 13.5
字　　数	177 千字
印　　数	0,001 - 6,000 册
定　　价	54.00 元

(印装查询:01064002715;邮购查询:01084010542)

罗贝尔·卡佩与康斯坦丝在圣丹尼斯圣殿教堂的合葬墓

现存于奥斯陆长船博物馆的奥斯伯格号长船建造于9世纪,长21.58米,航速可以达到10节,即每小时19公里

油画《莱夫·埃里克松发现美洲》,由挪威克里斯蒂安·克罗格(Christian Krogh)创作

维京人抓住法王查理三世的脚将其掀翻在地

英国标志性的建筑巨石阵,其建筑过程和用途至今众说纷纭

罗马人在强渡泰晤士河时使用了战象,由画家David Pentland创作

目 录

自　序 ...001

第一部　**恩恩怨怨法兰西** / 001

　　1. 艳遇 ...003

　　2. 罗贝尔的难题 ...009

　　3. 爱的代价 ...015

　　4. 来自普罗旺斯的女人 ...032

　　5. 家庭大作战 ...041

　　6. 海盗的成功学 ...052

　　7. 诺曼底的发家史 ...061

　　8. 成长的烦恼 ...070

第二部　**千年一梦不列颠** / 081

　　1. 英格兰的表叔 ...083

　　2. 罗马遇上不列颠 ...091

　　3. 最后的抵抗 ...104

4. 鲁逊来了 ...126

5. 亚瑟王,只是个传说 ...135

6. 战国七雄 ...159

7. 一群来自北方的狼 ...179

8. 千古一帝 ...206

第三部 **风云变幻英格兰** / 235

1. 夺妻 ...237

2. 衰落的开始 ...252

3. 外来的和尚会念经 ...260

4. 主教是怎样炼成的 ...270

5. 家有狼妈 ...293

6. 又见维京 ...303

7. 北海帝国 ...322

8. 王子与国王 ...352

自 序

人和人有缘分,人和书也有缘分。睡前或是闲暇时,三千好书,你只取这本来读,这是你与它这一刻的缘分;你手不释卷,废寝忘食地将它一口气读完,这是你与它这一天的缘分;你反复揣摩它,品味个中真谛,它成了你的良师益友,这就是你和它一生的缘分。读书如此,创作更是如此!

我从小喜欢读历史故事,高中时喜欢玩《三国志Ⅱ》,由此对三国时期的历史产生了浓厚兴趣,以点带面,对各类国史也都爱屋及乌。二十几岁时,留学英伦,开始关注欧洲史,特别是英国史。此前,这个曾经的世界头号强国的过去之于我,无外乎中学历史书上诸如英法百年战争、圈地运动、查理一世与克伦威尔、鸦片战争以及两次世界大战的知识点罢了。

那时,这些点滴在我脑海中从来没有贯串成一条历史长河，这个老大帝国的旧日面孔，宛如忽明忽暗的油灯下，斑驳的壁画般模糊不清。十多年前，当我走近它时，我不禁要问：

一个在我们春秋战国、百家争鸣时，还处于群婚制半原始社会的地方；在我"明犯强汉者，虽远必诛"的气壮山河响彻西域时，被罗马人征服的蛮荒之地；在我大唐盛世万国来朝时，内斗不断，还饱受异族侵略的欧洲边陲岛屿；在我文化昌明，诗词歌赋大放异彩时，却连国王都识字不多的西欧小国，怎么就在几百年后异军突起，成为日不落帝国？不仅打败西班牙、荷兰、法国，征服非洲、中东、印度、美洲，还一次次打败当时可称天朝大国的我们，使我们一度沦为半殖民地半封建国家。

在这片地不大物不博的土地上，在过去的两千多年里到底发生了什么？虽然我辗转漂泊于英国不同的城市，但带着这样的问题，十几年来，那一座座当地的图书馆成了我生活中的坐标。带着一张借书卡，我翻阅了无数图书，找寻着答案。

我想，在经济飞速发展的今天，一定也有不少人有着和我当初一样的疑惑，比如那些节假日送孩子学英语的父母；那些远离故土前往英国或它曾经的殖民地或附属国求学的学子；那些在海外市场开疆辟土的精英；还有那些虽一时活在当下，却心怀远方的有志之士。

我有意和大家一起分享我这十几年来的追索，并期许和各位一起继续去探寻这些答案。

本书的出版得到了诸多师友的鼎力支持，在此谨致谢忱：感谢三联书店的诸位老师，从内容打磨到出版所做的努力。由衷感谢壹嘉出版刘雁老师的热忱引荐和奔走，使得本书得以在三联出版。承蒙同窗挚友高庆一博士厚爱，作为人工智能领域的知名学者，他在他极具影响力的社交平台及公开活动中倾力推介本书。亦感谢另一位同门至交王玥教授，是他让本书在其创办的由新书店拥有一隅之地。此外，还要感谢所有关注、转发本书前身《英该史这样》的师长、同窗、同事及网友，你们长期以来的支持与期待，是我前行的动力。最后，谨以最深切的感恩致予我的父母与妻儿，是你们无条件的理解与支持，伴我度过无数挑灯疾书的夜晚，终使这部作品问世。

第一部

恩恩怨怨法兰西

我们先从一个法国人说起。

他的名字叫威廉,简单好记,法国诺曼底人。前半辈子是诺曼底公爵(有权的那种)。1066年,他带兵征服了英格兰,成为英格兰的国王。

在英国的历史上,他被称为威廉一世(William I),而在法国的诺曼底,他则被称为威廉二世——谁让他在诺曼底还有一个叫威廉的祖宗。

威廉本人没有想到,这次成功的入侵,不仅是他人生辉煌的顶点,给自己赢得了王位和征服者的称号,而且也成为整个英国历史的转折点。

在公元前8世纪到公元11世纪将近2000年的时间里,从凯尔特人、罗马人,到盎格鲁-撒克逊人,再到丹麦人和诺曼人,英格兰成了一批又一批外来户开荒探险、移民定居、扩张侵略的对象。那真是你方唱罢我登场，城头变幻大王旗。

但这一切都在1066年画上了句号。英格兰的实力在各方面得以全面发展，为日后的日不落帝国积蓄了力量。从那一年到近1000年后的现在，英格兰以至后来的大不列颠王国（即英国）再没有受到过大规模的异族入侵（除了少数几个外国王孙贵族跑来抢码头），就连拿破仑和希特勒都没能踏上英国本土一步。

而这一切都是因为，征服者威廉之后再无征服者。

1. 艳遇

时间：1027 年

地点：法国，法莱斯（Falaise，法国西部诺曼底地区）

人们现在知道这个小镇，可能是因为九百多年后的 1944 年，这里爆发了一场使用扎口袋战术（俗称关门打狗）的战役，即法莱斯口袋战役。德军包括三个坦克师在内的八个师，在这里被盟军合围包了饺子。

然而，1027 年夏天的法莱斯却是一派美丽田园风光。此时站在城堡塔楼里的诺曼底公爵罗贝尔一世（Robert I），正俯视着他治下的这个小镇。

年轻的罗贝尔非常喜欢这里恬静和谐的氛围。比起大城市的喧嚣，他更倾心于这里乡野间油画般的意境。

刚刚接过父兄手中的枪，即位诺曼底第六任公爵的罗贝尔，就跑到在自己公国的西京卡昂30多公里外的法莱斯避暑休假，他也实在是想暂时远离那个是非之地。因为就在年初，罗贝尔的哥哥，也就是刚即位为第五任诺曼底公爵的理查（Richard）突然非正常死亡（据说是食物中毒）。

于是别有用心的人士大肆渲染，说理查是被毒死的，而且暗指凶手就是罗贝尔。很快罗贝尔就得了个新外号：

恶魔罗贝尔（Robert the Devil）。

放到现在，这肯定是一个让美国摔跤运动员为之奋斗不已的名字，但是在那个年代，一个人被说成是恶魔，基本就成为人民公敌了。若这个人是普通人，不出意外，人民群众会自发地为他举办一场篝火晚会，把他放在火上烤。

身为一国之主，罗贝尔当然不会遭此对待。但在短短的几个月内就失去父亲和兄长两位至亲，还背上了弑兄篡位的骂名，对于27岁的罗贝尔来说，内心的煎熬比把自己放在火上烤还难受。

出来散散心吧,什么猜忌、谩骂、诡计、阴谋,统统抛到脑后。这一刻他只想找到属于自己的那份清净,让远山的青翠和吹过城堡垛口的清风带走心头的忧愁。而此刻城堡下方的场面却打破了这片宁谧。

紧挨城堡的地方,有一家皮革作坊。作坊的主人有一个美丽的女儿,正在后院给皮革上色。中世纪的欧洲,给皮革上色的方法是,把皮革放进混有染色剂的水中,用脚不断地踩,直到颜色深深地沁入皮革。要知道,中世纪的女人都穿着肥大的裙子,干这活时得把裙脚提起来,要不会一起染了。可能是那天有些热,皮匠女儿把裙摆提得很高,在沁着皮革的大木桶里又蹦又跳。

城堡上的罗贝尔看得眼睛都直了,急忙派侍从去查清这是谁家的姑娘。

他很快就得到了答案。

姑娘是老皮匠福尔伯特(Fulbert)的女儿荷丽芙(Herleva),芳龄二十有四,至今未婚。

望着那个活泼可爱的女孩和不断飘来的她含情脉脉的眼神,罗贝尔醉了。

后来发生的事情，让我们完全有理由相信，荷丽芙是知道城堡上有个贵族（也许不知道是公爵本人）正朝她那个方向看，而她的一切举动就是为了吸引罗贝尔的注意。毕竟这是她改变自己命运的一次大好机会！

很快，荷丽芙便知道她的计划成功了，因为罗贝尔的侍从几乎以自由落体的速度从城堡上下来，向她转达了主子的爱慕之情，并直截了当地向荷丽芙表示，今夜城堡的后门为她打开，会有人直接带她到公爵大人的卧室，去"欣赏"公爵的收藏。

作为皮匠的女儿，如不出意外，荷丽芙只能嫁给石匠、铁匠或者屠夫这种与她同一阶级的人，一辈子都不会有和贵族在一张桌子上吃饭的机会。

不能放过这个机会，但也不能就这么痛快地答应。荷丽芙抑制住内心的喜悦，她决定冒个险。

荷丽芙拒绝了当夜的邀请，并声明绝不会以这种方式幽会。要约会也可以，她要正大光明地在白天从城堡的正门进去。

这个要求是有些过分的。因为无论是按照历史传统还是国际惯例,当情妇压根儿就不是件正大光明的事情。要知道,在中世纪的欧洲,一个人不管有钱没钱,有权没权,天主教规定就是一夫一妻,连离婚都不行——当然也有例外,后面会提到不少闹离婚的例子,不过操作难度很高,成功率极低。

所以,中世纪欧洲的情妇几乎是没有希望转正的,除非原配亡故。而且情妇的权益还没有法律保护,生的孩子都没有继承权——等会儿我们会说到继承的问题。

所以本来应该是地下或半地下的偷情,荷丽芙却要大张旗鼓地进行,搞得尽人皆知(当然也包括罗贝尔的妻子)。

可是荷丽芙清楚,她这么做虽然有可能会使自己丧失一个宝贵的机会,但现在也是她有着最大话语权和可以讨价还价的时候。毕竟罗贝尔还没有得到她,她懂得一个得到满足的男人到时候可就不那么听话了。

恋爱中的男人果然是盲目的,罗贝尔很痛快地答应了这个要求。

第二天,荷丽芙穿上自己最好看的衣裳,骑上一匹高头白马（估计是借的），昂首挺胸地直奔城堡大门而来。

全镇的人很快就都知道了这一新闻，稍一想也都能想清楚荷丽芙是去干什么的。毕竟在那个时代，一国之主不可能为了体察民情，解决群众的实际生活困难，而邀请一个年轻貌美的平民女性前往城堡做客聊天的。

于是，当荷丽芙在众人的瞩目下，进入城堡正门的那一刻，一个光明正大、官方认可的情妇诞生了。

也是在这一天，罗贝尔终于和荷丽芙见面了。

罗贝尔还不知道，这个闯入他生命中的女人会给他和他的国家带来什么。

这不仅仅是一次艳遇，也是一次改变历史的机遇。

2. 罗贝尔的难题

荷丽芙怀孕了。

罗贝尔非常兴奋,因为他的妻子只给他生了两个女儿。他期待着这个女人能为他带来一个儿子。

1028 年,随着一声婴儿的啼哭,一个男婴在法莱斯城堡出生了,我们故事的主角威廉就此登场。

儿子出生后,罗贝尔在激动和快乐之余,面临着两个随之而来的不能不解决的问题。

第一个就是荷丽芙的未来。

作为一个负责任的情人,你既然不能给人家名分,总该给人家一个好的归宿吧?

罗贝尔无疑是爱荷丽芙的。从两年后,荷丽芙又给他生了一个女儿来看,他们绝对不是露水情缘。

顽固的门第观念、宗教的束缚和作为一国之君的责任，让罗贝尔无法与这个自己心爱的平民女子永远生活在一起。

而且，一个已婚领主总和单身大龄女青年来往，确实好说不好听。再说，如果时间拖得长些，荷丽芙恐怕就更难安顿了。不如趁着她还年轻，给她找个好人家嫁了。

罗贝尔决定为荷丽芙找个好归宿。他煞费苦心，最后选择挑了手下的一个小领主，名叫赫尔文（Herlevin），只比荷丽芙大两岁，虽说不上是大富大贵，但有着不大不小的领地，也还算过得不错。

罗贝尔派人向赫尔文传达了自己的意思。经过一番心理斗争，赫尔文同意了。当然，罗贝尔也没有亏待赫尔文，让他当上了子爵。到了威廉当政的时代，赫尔文更升到了孔特维尔伯爵。

要知道，这样的爵位在中世纪的欧洲绝不是虚衔，是伴随着大片领地和庄园的。

就像中国汉代时，什么九江王、淮阴侯、留侯都是爵位前加地名，意思就是那片地方就封给你了。不像后来到了清朝，封个恭亲王、二等镇国公、一等勇毅侯什么的，听着是好听，但都是虚的，一块封地都没有，只根据头衔前去户部领银子而已。

在欧洲，像赫尔文这样被封了孔特维尔伯爵，说明在法国的孔特维尔，他就是"老大"，军政财法都由他说了算。

后来，荷丽芙和赫尔文生了两个儿子和一个女儿，他们的儿子以后都封了爵，或者当了主教，成了威廉的得力干将，这些自然都是后话。

就这样，罗贝尔解决了第一个问题，还不算麻烦。可是第二个问题就有些难度了——给威廉上户口，确立威廉的继承人身份。这就需要法律、教廷及其属下的承认了。

按理说，作为罗贝尔的独子，威廉应该算是一个抱着金饭碗降生的"官二代"。而且，诺曼底公国实际上是个独立的国家，只是名义上要臣服法国国王而已，所以威廉也可以说是诺曼底的"太子"。

唯一的不幸就是，他是私生子。

在欧洲，一国之君纵然可以在外面有无数的情妇和私生子，但他们都不受法律保护，教廷和教区的主教不承认，他们就不能继承任何财产和领地。

中世纪欧洲的国王和领主基本上是尊重和敬畏罗马教廷的，常常给教廷上供，而教廷一般也投桃报李，教导民众相信天赋王权，效忠国王，就是服从上帝的旨意。当然，也有个别强悍者和教廷分庭抗礼，有成功的，也有输得很惨的。

其实，那时候欧洲大大小小几十个国王，每个国王下面还有时常不服管的成百的诸侯领主，比我们春秋战国时还要乱。

几乎没有哪个国王有实力和教廷叫板，因为那样有可能被教廷开除教籍。不光周围虎视眈眈的天主教群雄能以讨伐宗教异端的口实来灭了你，就连手下的诸侯都能起来把你推翻。

更何况罗马教廷是维护统治阶级合法性和天授王权的保证。欧洲的每个王室都是有道统、血脉相传的，不是一个有实力的大臣造反成功，就能轻易取而代之，改朝换代的。

没有教廷的承认，新生政权很容易会被掐死在摇篮里。所以在欧洲出现曹操、司马懿和赵匡胤那样的人物，难度相当大。

既然王侯们对教廷既怕又爱，他们的婚姻又大部分都是政治婚姻，老婆娘家也都不好惹，所以一般情况下，即便老婆没生儿子，私生子想继承大统在操作上也比较有难度。

罗贝尔决定排除万难，一定要把儿子的"户口"给上了。

毕竟目前威廉是他的独子（以后也是），在诺曼底还没有出现传位给女继承人的先例的情况下，要是罗贝尔哪天去见上帝了，新公爵很可能就是他哥哥理查的儿子。（在战争频繁和医疗技术不发达的中世纪，就算是国王、公爵，死亡率也是很高的，1550年以前，欧洲男性贵族战死沙场的比例高达30%。）要是他的私生子没得到大位，等他侄子继承大统，再把那个谋害兄长的旧事翻出来炒作一下，估计自己得被刨坟掘墓。

于是罗贝尔首先通过说服开导威胁利诱，好歹先安抚了那些宗亲贵族。毕竟人家个个都是有诺曼底公国继承权的，凭什么让一个私生子来继承。

虽然宗亲们不服气，怎奈得实力不足又没底气，决定先忍了。有账不怕算,兔子你等着瞧。这帮亲戚在不久的将来会将魔掌伸向年幼的威廉。

暂时摆平了内部,罗贝尔又给教廷捐献了一大笔财产。有钱好办事,在教廷那边也不例外。

除了物质上,教廷还希望罗贝尔能在精神层面为宗教事业做出一点成绩,要不只管收钱办事,岂不显得教廷一点原则都没有了?

于是罗贝尔许诺,自己会在适当的时候去耶路撒冷朝圣,争取为教廷带回一些圣物。

在那个时代,从法国去耶路撒冷朝圣,比唐僧去西天取经容易不了多少,要一路翻山越岭,水土不服不说,还有很大的生命危险。

所以教廷也不是不通人情,规矩是死的,人是活的,既然罗贝尔这么虔诚,还有可观的献金,教廷也乐于睁一只眼闭一只眼。威廉终于被指定为诺曼底公国的合法继承人。

为了兑现对教廷的承诺,几年以后,罗贝尔动身去耶路撒冷朝圣。而他不知道,那将是他人生最后的旅程。

3. 爱的代价

罗贝尔刚刚忙活完自己的家事，一位贵客突然到访诺曼底。

他就是法国卡佩王朝的国王，亨利·卡佩（Henry Capet），史称法王亨利一世（Henry Ⅰ of France）。

以后在英国也会有一位亨利一世，不光英法，历史上德国、奥地利、葡萄牙都有过叫亨利一世的国王。这不是一个人穿越时空在不同的时间和不同的地点称王，而是欧洲人的名字实在太缺乏创新，流行的就那么几百个，相当一部分还是从圣经里来的。起名字也方便，多项选择题。所以欧洲的王室贵族里重名的很多。

这里虽然只说的是名不是姓，但架不住有的一脉相传的王室好几代都叫一个名，比如英国金雀花王朝的爱德华一世到三世，祖孙父子三人都叫爱德华。

第一部　恩恩怨怨法兰西　｜　015

还有更邪乎的，法国的波旁王朝在最后将近两百年里，国王基本都叫路易，从十三世到十八世，而且打算一直"路易"下去。最后还得感谢法国大革命和拿破仑，把这个等差数列的路易王朝打断了。

总之，在欧洲，为了区别本国的先帝们，称呼后面的帝王时，名字都自动加一排序。以后我们会经常接触到这个问题，这里先简单做一下介绍。

我们正在说的这个年代，法王作为中央是指挥不了地方的。但作为法兰西各派势力共主的亨利·卡佩，来到名义上的下属单位，还是受到了隆重的接待。

不过亨利·卡佩这次来不是视察工作的，而是寻求帮助的。

原来，亨利·卡佩的母亲康斯坦丝（Constance）希望自己的小儿子当国王，于是起兵造反，把亨利·卡佩从巴黎赶了出来。

康斯坦丝可以说是个"麻辣"的角色。早先曾带着儿子们"造"自己老公的"反"。等老公死了，又带着自己的一个儿子"造"另一个儿子的"反"。像她这样，不徇私情地拿自己的老公和孩子开刀，将造反进行到底的，在欧洲历史上都很罕见。

不过康斯坦丝每次造反似乎都有充足的理由。究其原因，还是她不幸的婚姻生活导致的。谁让她嫁给了罗贝尔·卡佩（Robert Capet）呢！

罗贝尔·卡佩，史称法王罗贝尔二世（Robert II of France），是法国卡佩王朝第二代领导人。其人博学多知，于文学和音乐方面都有很深的造诣。据说他还是组织小朋友在教堂里唱诗的第一人，可谓中世纪欧洲国王里的大才子。

正是因为有才，罗贝尔·卡佩对爱情和婚姻自然有自己的理解和追求。可是在中世纪，王室贵族的婚姻绝大部分都是政治婚姻。

而且就当时而言，一段完美的政治婚姻对于刚刚创建不久的卡佩王朝来说，尤为重要。为了给罗贝尔·卡佩找一个对法国的未来有帮助的老婆，罗贝尔·卡佩的父亲，卡佩王朝的缔造者休·卡佩（Hugh Capet）可谓煞费苦心。

在几次不成功的相亲后，休·卡佩终于在儿子17岁那年，给他订了一门亲事。女方是意大利国王的女儿苏珊娜（Susannah）。这门看上去门当户对的亲事，却遭到了罗贝尔·卡佩的极力反对。

原因很简单，苏珊娜是个寡妇，而且还是个老寡妇，比罗贝尔·卡佩足足大了35岁，在早婚早育的中世纪，这么大的年龄差距，都可以做祖孙了。

其实休·卡佩给儿子找这么一个祖母级的老婆，也是用心良苦。因为苏珊娜的前夫死后，苏珊娜的儿子继承了伯爵的爵位。

而问题的关键是这个伯爵不是别的地方的，而是佛兰德斯（Flanders）的。

佛兰德斯是当时法国境内最强大最富有的伯国之一。要知道，当时的法国境内山头林立，50多万平方公里的国土上，法王能说话算数的地方不超过3万平方公里。其他的地方都被大大小小20几个公爵和伯爵控制着，基本上都属于独立的国中之国，简直就是一个微缩版的春秋战国。

其中佛兰德斯伯爵拥有包括现在的比利时北部、荷兰南部以及法国北部一地在内的广大领地。论实力不亚于法王。

休·卡佩的如意算盘是让儿子娶了现任佛兰德斯伯爵的妈,这样不仅能给自己白捡一个大孙子,还能得到整个佛兰德斯的支持。

但是罗贝尔·卡佩却不想为了白捡一个大儿子,而给自己娶一个奶奶。

休·卡佩费了很大的力气,对儿子晓之以理,动之以情,讲事实,摆道理。最后还交了底,说小子你今年才17,苏珊娜都50多了,过不了几年她还不去见上帝?到时候你爱娶谁就娶谁,老子我绝不拦着。就这样,总算让他勉强答应了这门亲事。

到了成婚的时候,苏珊娜又带来了一份很重的嫁妆,算是给足了夫家面子。

这份嫁妆里包括两座城镇,蒙特勒伊(Montreuil)和蓬蒂厄(Ponthieu)——都在现今法国的北部。

虽然嫁妆很给面子,但夫妻生活不是靠这些来维持的。关于罗贝尔·卡佩在新婚后天天如何面对自己这位老妻,我们无从可考。但从以后发生的事情来看,这八个字也许能代表他的心境——生不如死,度日如年。

在对付了几年后，996年，罗贝尔·卡佩迎来了他第一次婚姻的七年之痒。虽然从和苏珊娜结婚的那天起，他就已经在忍了。

罗贝尔·卡佩惊奇地发现，自己的这位大妈妻子虽然已经60岁了，但一点儿也看不出她有去见上帝的迹象。老人家能吃能睡，跟牛一样壮，而自己却吃不下睡不着的，再这样下去，到底谁走在谁前面都不好说。

实在无法忍受这段婚姻的罗贝尔·卡佩，终于壮着胆子向父亲提出了一个要求：他要和苏珊娜离婚。

其实罗贝尔·卡佩离婚背后真实的意图是和自己的意中人结婚。而那个赢得年轻王子的心的"小三"叫伯莎（Bertha），是勃艮第（Burgundy）王国的公主。准确地说，在这场婚变中，伯莎应该是个"老三"，因为虽然她比苏珊娜年轻得多，可还是比罗贝尔·卡佩大上几岁。

不仅如此，伯莎也是个寡妇，而且还是六个孩子的妈。

说到这里，估计有人会说罗贝尔·卡佩有"寡妇情结"了。其实，在中世纪欧洲王室里，鳏夫再娶，寡妇再嫁是相当普遍的事情。

对于每一个国家来说，公主本身就是一种稀缺的政治资源，如果能够二次利用，大家又何乐而不为呢。

不过罗贝尔·卡佩显然是动了真情。而他老爸休·卡佩却坚决反对。这不仅仅是因为在当时的宗教观念下，离婚是不被允许的；还有一个更为重要的原因，即罗贝尔·卡佩和伯莎是表亲。

按照天主教当时的规定，表亲之间通婚被认为是有罪的，而且是大罪。

早先罗马教廷颁布的禁止近亲结婚的规定，本来执行得比较宽松，只要不是四代以内血亲就可以。可后来到了9世纪的时候，教廷又修改了基督教的婚姻法，变得更为严格，计算近亲等级的算法也升级了，规定七代之内的亲属间结婚无效，这基本上等于只要有一点沾亲带故都不行。

但是这个规定放在欧洲王室的婚姻上，可操作性实在太差。因为当时西方统治阶级谈婚论嫁，基本要讲究门当户对，还要从国家利益这个政治高度上去选择配偶。而且就算身为一朝人王地主，也只能标配一个老婆，自然要相当慎重。所以本来皇亲贵胄及贵族在欧洲就是稀缺资源，加上这基督教奉行的一夫一妻制，每个贵族家庭能提供的适龄婚配子女少之又少，因此搞来搞去，到后来夫妻双方想不沾亲带故都难。如果开个国际会议，可以说就相当于各国领导人开家庭聚会了。所以废除七代以内禁止通婚的规定，可谓势在必行，否则欧洲的王室就要绝种。

于是乎，在1215年召开的确立教会生活与教宗权力顶峰的第四次拉特兰会议上，教皇诺森三世在敲定了成立方济会，建立异端审判所以及第五次十字军东征这些大事后，与各国政要和社会各界人士商议，又将近亲结婚的限制放宽到四代以内。再后来，只要别太过分，教廷基本就睁一只眼闭一只眼了。

不过，罗贝尔·卡佩和伯莎就比较倒霉，正赶上这波长达三百多年的近亲结婚严打的坎儿上。

那么罗贝尔·卡佩和伯莎到底是什么样的表亲关系呢？历史书上并没有直说。不过本人本着刨根问底和将八卦进行到底的精神，查了两人的族谱，终于发现，原来罗贝尔·卡佩的奶奶和伯莎的姥姥是姐妹，都是德意志国王亨利一世（Henry I of Germany）的女儿。

所以罗贝尔·卡佩应该管伯莎叫表姐。

其实他们这个级别的表亲关系，如果放到现在是没有问题，可是在10世纪的欧洲，正好落在四代血亲的坎儿上，更别说是七代了。休·卡佩说什么也不能同意儿子的要求。

罗贝尔·卡佩只得暂时作罢，不过转机很快就出现了。

同年10月，休·卡佩驾崩，罗贝尔·卡佩继承为法王。

罗贝尔·卡佩即位后，干的第一件事就是和苏珊娜离婚。

虽然原则上天主教徒不能离婚，但是一切都是可以操作的。欧洲的古人总是不缺各种别出心裁的理由，来证明之前婚姻的不合法，或者无效，以此来变相达到离婚的目的。

至于罗贝尔·卡佩具体用什么方法来运作的离婚，

我们不得而知。但是从其离婚的速度上来看，这次离婚可以说非常顺利。

苏珊娜人也挺厚道，很痛快地就同意了。

但罗贝尔·卡佩却扣留了苏珊娜带来的那包括两座城镇在内的嫁妆，作为自己的青春损失费。

这么做就有点儿不地道了，好歹人家跟了你七年，没爱情总有感情吧，没感情总有矫情吧。可罗贝尔·卡佩就两个字：绝情。

世道不好，赶上这么一个绝情郎，苏珊娜也只能懊悔，懊悔自己当年为什么禁不住寂寞而再嫁，搞得现在丢人又破财。

"忧忧地我走了，不似我欣欣地来。我挥一挥衣袖，不带走一分家财。"

苏珊娜默默地离开了法国，回到了佛兰德斯的儿女身边，在那里度过了自己的余生。

而此时的罗贝尔·卡佩可无心顾及苏珊娜怎么度过余生，他在迫不及待地迎接着自己的新生。在同一年，刚刚离异的罗贝尔·卡佩火速迎娶了自己的第二任妻子兼表姐伯莎。

在996年最后的两个多月里，可以说罗贝尔·卡佩忙得不亦乐乎。给父亲办丧事，登基加冕，离婚，再婚。罗贝尔·卡佩几乎天天往教堂跑。

在如此短暂的时间里，经历了人生的大悲大喜，婚姻的大起大落的罗贝尔·卡佩差点儿被搞得精神错乱。

但是当他终于可以一手握着国王的权杖，一手挽着心上人伯莎的纤纤玉手时，罗贝尔·卡佩沉浸在前所未有的喜悦之中。

他没料到他的倒霉日子也马上就要来了。

而这个让罗贝尔·卡佩倒霉的人就是教皇。

作为基督教世界的最高精神领袖，中世纪的教皇在欧洲有着无上的权威。上至各国的政务军事，下至王室贵族的婚丧嫁娶，教皇基本上是能掺和一把就掺和一把。

这次对于罗贝尔·卡佩和法国，自然也不例外。

时任教皇格利高里五世（Gregory V）听说罗贝尔·卡佩娶了表姐后震怒，心说你罗贝尔·卡佩想离就离，想结就结，也不知会教廷一声，当我们不存在呀！还想用闪婚来造成既成事实，门儿都没有！

随后格利高里五世断然表示，教廷对罗贝尔·卡佩和伯莎的婚姻不予承认。这就相当于现在婚姻登记部门宣布两人办的是假证，属于非法同居。

更为严重的是，格利高里五世还开除了罗贝尔·卡佩的教籍。

被开除教籍，在中世纪，是个非常严重的惩罚。

这不仅代表被开除者不能在周日和大家一起去教廷礼拜，不能在宗教节日里领圣饼，唱圣歌。而且他作为一国的一把手，臣民们都可以解除对他的效忠，跑去选举别的领导人。

这一手惩罚对于王权薄弱的法国尤为厉害。

其实单就表亲结婚这事，可大可小。教廷完全可以只是宣布二人婚姻无效。而这次格利高里五世对罗贝尔·卡佩下这么狠的手，背后另有原因。

这原因就是法国主教的任免权。

在欧洲，主教，特别是大主教对一个国家的内外政策有相当大的话语权，历史上有大主教甚至长期担任一国的宰相。所以，如果教皇能任命自己的亲信担任大主教，就能有效地控制各国的政务，让教权凌驾于王权之上。

如果一国的领导人能掌握主教任免的人事权，不仅能防止教廷干涉本国内政，而且将来自己支持的本国大主教当选了教皇，还有机会通过教廷左右其他国家的命运。

所以归根结底，对主教的任免权是欧洲各国跨越几个世纪的王权与教权之争的关键。教廷和各国之间就这个历史遗留问题，较量过无数回合，各有胜负。

不过这次较量，法国完败。

较量的起因是对兰斯大主教（Archbishop of Reims）的任免。这个位子之所以很关键，是因为传统上，法国国王的加冕仪式要在兰斯圣母院举行，由兰斯大主教主持加冕。

罗贝尔·卡佩正式即位后，就想罢免反对卡佩王朝的兰斯大主教阿努尔夫（Arnulf），提名自己的亲信。

同样在996年担任教皇，同样24岁的格利高里五世，则支持阿努尔夫。

两个同龄年轻人的新官上任三把火，就这样对着烧了起来。

这时正赶上罗贝尔·卡佩搞姐弟恋，格利高里五世正好抓住这个机会，开除了罗贝尔·卡佩的教籍，给对手点儿颜色。

罗贝尔·卡佩还真没想到教皇会一上来就下杀招，顿时慌了手脚，急忙派人带重礼向格利高里五世求情。

没想到格利高里五世这回是玩真的，打算和罗贝尔·卡佩死磕。甭管法国方面怎么托人送礼，威胁利诱，就是一个答复：想恢复教籍可以，两个条件：第一，和伯莎离婚；第二，法国主教的人选以后由教廷说了算。

这两个条件罗贝尔·卡佩实在没法接受，他怎么能舍得心爱的新婚妻子，同时又放弃一项重要的国家利益。答应的话，岂不是代表爱情和事业的双歉收？

不能接受，可是又没有实力对抗，罗贝尔·卡佩只能继续和格利高里五世软磨硬泡。

格利高里五世也不着急，就是死活不让步。反正大家都还年轻，玩得起。

不过这回，格利高里五世错了。

999年，在位才两年多的格利高里五世突然暴亡，年仅 27 岁。

随后继任的教皇西尔维斯特二世（Sylvester II）是一个法国人。

这回罗贝尔·卡佩完全有理由相信，自己一定能毫发无损地恢复教籍。

西尔维斯特二世不是外人，是罗贝尔·卡佩的启蒙老师。既然老师兼老乡当了教皇，怎么也得给他这个当了家乡父母官的学生点儿面子吧。

这回轮到罗贝尔·卡佩错了，他完全不了解他的老师。

西尔维斯特二世，一个正直严谨的学者型教皇。他在音乐、数学、哲学和教育方面多有建树，据 12 世纪的英国历史学家马姆斯伯里的威廉（William of Malmesbury）考证，西尔维斯特二世还曾重新发明了在欧洲失传已久的古罗马算盘。

继任教皇后，西尔维斯特二世一心想树立教廷的权威和廉洁形象，不顾背上骂名，大刀阔斧地对教廷进行改革，整治了不少贪腐的神职人员。

这么一个教民的好领导，能因为曾经的学生，而自毁长城吗?

由于西尔维斯特二世继续强硬地坚持以前格利高里五世提出的条件,罗贝尔·卡佩这次可是真的没辙了。

在他被开除教籍的几年里,法国的各路诸侯不是背地里等着看笑话,就是磨刀霍霍准备把他赶下台。罗贝尔·卡佩要是再不想办法恢复教籍,估计王位就要保不住了。

要美人,还是要江山?这是一个很严肃的问题!

1000年,在被开除教籍四年后,罗贝尔·卡佩终于做出了最后的决定。

和伯莎离婚。确切地说是宣布和伯莎的婚姻无效。

就这样,又一个曾经的寡妇黯然离开了罗贝尔·卡佩和法兰西,她留下的是悲伤而无奈的眼泪,带走的却是罗贝尔·卡佩的心。

在公元后第一个千禧年的钟声里,罗贝尔·卡佩终于可以再次正式坐在教堂里,向上帝忏悔他的罪过了。而此时他内心的赎罪对象不是上帝,而是伯莎。

罗贝尔·卡佩觉得整个心都被掏空了,而失去爱人的痛苦和被迫认输的耻辱却在他躯壳里每一个还有感觉的神经上蔓延着,传播着。

虽然此时罗贝尔·卡佩很痛苦,但还得活着。生活也还得继续,而继续的生活中不能没有女人。

那么下一个填补他生活中空白的女人到底会是谁呢?

4. 来自普罗旺斯的女人

作为法国国王的罗贝尔·卡佩在失恋后,可没有选择继续独身的权利和自由。前两任妻子没有给他留下任何子嗣,为了延续卡佩王朝的香火,他必须再婚。

1001年,罗贝尔·卡佩迎娶了第三任妻子,普罗旺斯(Provence)伯爵的女儿康斯坦丝,年仅15岁,史称普罗旺斯的康斯坦丝。

普罗旺斯位于法国东南部,濒临地中海,与意大利接壤。这个在英国作家彼得·梅尔(Peter Mayle)笔下优雅而美丽的地方,在中世纪就因其浪漫的氛围而成为骑士抒情诗的发源地。

然而最让普罗旺斯闻名于世的,莫过于那里漫山遍野的紫色薰衣草花田和优质美味的葡萄酒了。康斯坦丝就来自这么一个美丽的地方。

也许带有些许青涩和迷人的薰衣草的气息吧，年轻漂亮的康斯坦丝为罗贝尔·卡佩的生活重新带来了色彩和乐趣。

在婚后的十几年里，两人共育有七个儿女，而且各个都活到了成年（这在婴儿高死亡率的中世纪是很不容易的）。

也许康斯坦丝还有点旺夫命，罗贝尔·卡佩在事业上也做得风生水起。

1016年，在十余年的军事和外交的努力下，罗贝尔·卡佩终于拿下勃艮第公国这片广袤而肥沃的土地（属于勃艮第王国的一部分，包括法国中部和东部的一些地区）。自此罗贝尔·卡佩在法国内部事务上发言都底气十足。

按理说罗贝尔·卡佩也应该满足了，美丽的妻子，可爱的儿女，以及不断扩大的地盘，他还渴望什么呢？

爱情，与伯莎的爱情！没错，这才是罗贝尔·卡佩真正渴望的！

可以说自从与伯莎分手后，罗贝尔·卡佩无时无刻不在想念着她。

他多么希望这些年,和自己分享生活里一点一滴的是伯莎;分享每一次胜利的喜悦和失败的忧伤的是伯莎;分享自己慢慢老去和渐多的皱纹与白发的还是伯莎。

他又多么想那些整日在后宫花园里嬉笑玩耍的可爱儿女,是他与伯莎的孩子呀!

罗贝尔·卡佩抑制不住自己的感情,用尽各种方式去获悉伯莎的近况,创造一切条件去与伯莎见面。

而这一切,康斯坦丝都看在眼里。可她却什么也没说。

作为一个男人,一个中世纪的法国国王,罗贝尔·卡佩活得很累。他需要自己的心理空间,他的生命中不会也不应该只有一个女人。康斯坦丝懂得这一点。

所以每次当罗贝尔·卡佩以诸如前线战事紧张之类的借口,一两个月都不回家吃晚饭时,康斯坦丝总是微笑着把丈夫送到宫门口,嘱咐仆人为丈夫多准备巴黎的美食和换洗的衣物。

而罗贝尔·卡佩则多少带着几分内疚,却义无反顾地，上马转身去找伯莎了。

如果就此认为康斯坦丝是个软弱温柔又贤惠包容的女人，那就大错特错了。

这个普罗旺斯的女人有着她的底线。不幸的是罗贝尔·卡佩很快就要触犯这个底线了。

在进行了一段时间的地下恋情后，罗贝尔·卡佩开始对这种两地上班的生活厌倦了。其实他完全可以游刃有余地游走于康斯坦丝和伯莎之间。康斯坦丝不会指责他，其他人也不会指责他。

因为在那个年代，身为国王或是贵族，要是没有个情妇，也多少显得不合时宜。

但是作为精通音乐和文学的艺术家，罗贝尔·卡佩是个理想主义者，他追求完美——无论是对艺术还是对生活。

他不能满足于偷偷摸摸或是正大光明地去搞婚外恋。罗贝尔·卡佩觉得这样下去对他自己和伯莎是不公平的，对康斯坦丝可能也是不公平的。

他的爱情需要尊严，而不仅仅是暗地里的缠绵。

即便是再甜蜜的婚外恋也抵不上平淡的婚姻，因为前者只能永远躲在后者的阴影里。

罗贝尔·卡佩终于下定决心,并且做出了他这辈子最疯狂最荒唐的事。

又一次罗贝尔·卡佩说要出差离家一段时间。像往常一样,康斯坦丝将他送到宫门口。她隐隐地感觉到这次丈夫有些异样,一种不祥的念头悄悄地浮上了心头。

不出意料,罗贝尔·卡佩又去找伯莎了。

不过不同于以往,这次两人决定一起去趟意大利。旅行的内容当然不只是游山玩水和偷欢。

目的地是罗马,而他们最终的意图是复婚。

罗贝尔·卡佩早就想好了。现任教皇本笃八世(Benedict VIII)是个老好人。而且在对付不断入侵意大利南部的阿拉伯人的问题上,本笃八世需要法国这样的强国支持。

所以罗贝尔·卡佩完全有信心能够说服教皇,宣布自己与康斯坦丝的婚姻无效,然后再和伯莎结婚。如果一切顺利的话,自己和伯莎也许还能在梵蒂冈的圣彼得大教堂直接举行婚礼。

罗贝尔·卡佩打着自己的如意算盘，却忽略了整个事件里的关键人物——他的现任妻子康斯坦丝。

康斯坦丝虽然身在巴黎，可是对在罗马的丈夫的所作所为了如指掌。当得知罗贝尔·卡佩在罗马正上蹿下跳地打通关节，要和自己离婚的时候，康斯坦丝终于愤怒了。

你罗贝尔·卡佩可以不回来吃晚饭，可以不回家过夜，甚至可以不在孩子的生日宴会上出现，但是抛弃整个家庭，带着前妻兼情妇跑到教皇那里去闹离婚，康斯坦丝忍不了。

若罗贝尔·卡佩和伯莎复婚成功，不光康斯坦丝要失去王后的宝座，理论上连她的孩子都会变成私生子，失去继承王位的权利。

到那时，康斯坦丝就得像之前的苏珊娜、伯莎一样，凄然离开，而且她会比前两人输得更惨，因为她还得带着她被"黑户"的孩子。

康斯坦丝不是苏珊娜，也不是伯莎。这个来自葡萄酒和薰衣草故乡的女人，不只懂得做贤妻良母，更懂得怎样保护自己和孩子的权利。

她不是一个绝望的主妇，或是任人宰割的羔羊。多年来的容忍和纵容，却换来了今天的结果，残酷的现实让康斯坦丝做出了她人生中最重大的决定。

罗贝尔·卡佩马上就会尝到，这个他伤害的女人所爆发的愤怒给自己带来的苦头了。

一天，康斯坦丝召集三个儿子开了一次家庭会议。三个儿子分别是长子休·马格努斯·卡佩、次子亨利·卡佩和老儿子小罗贝尔·卡佩。

家庭会议是以母亲对孩子父亲声泪俱下的痛斥开始的，当三位王子知道了事情的原委后，无不从开始的震惊变成后来的震怒。

一般来讲，这种父亲出轨的情况，孩子都会向着母亲一方，更何况还涉及他们的切身利益。

见孩子们都站在自己一边，康斯坦丝终于大胆地说出了自己的计划——坑你们的爹！

毕竟这种儿子跟着母亲造老子反的事，在法国还是史无前例的。三位王子开始时多少有些犹豫不决，但当他们看到母亲含泪的略带乞求的眼睛，想到父亲对他们母子冷酷无情的做法时，终于支持了母亲的决定。

会后三位王子立刻召集自己的部下，揭起反旗，开始攻击那些支持罗贝尔·卡佩的贵族和城镇。

一场离婚导致的大战，就此开打。

要知道三位王子都是有自己的封地和军队的，特别是老大休·马格努斯。按照卡佩王朝的传统，一般都会封王太子为一字并肩王（Co-king），以保证老国王死后，政权能平稳地过渡。而休·马格努斯从十岁开始就已经是一字并肩王了。虽然这种册封只是名义上的，但还是有很大的号召力。

很快王子们领导的叛军就占了上风。而此时罗贝尔·卡佩在罗马也听到了这个消息。

本来罗贝尔·卡佩马上就要说服教皇同意他的离婚申请了，万万没想到，平日里看上去温顺娴静的康斯坦丝，会在这个时刻带着孩子搞窝里反。

要江山还是要美人的难题，再一次摆在了罗贝尔·卡佩面前。

而这一次他再次让伯莎失望了。

罗贝尔·卡佩不得不终止没办完的离婚手续，抛下伯莎赶回法国平叛。

而伯莎则忧伤地,但又多少带着些许希望地离开了罗马,回到了自己儿子的封地布洛瓦(Blois)。在那里,她会静静地等待心上人罗贝尔·卡佩的再次到来。

然而这次等待却成了永远,战事缠身的罗贝尔·卡佩再也没能回到伯莎身边。

你来,或者不来,
我就在那里,
一生守候。

伯莎终生未再嫁,老死在布洛瓦。

5. 家庭大作战

离开伯莎的罗贝尔·卡佩刚赶回法国，就投入了与儿子们的激烈战争之中。而且战事进行得很不顺利，他一度被儿子们赶出了巴黎。

此时罗贝尔·卡佩和康斯坦丝的婚姻，已经彻底从美酒变成了毒药。仇恨在两个人的血液里快速地蔓延着，渗透着。这种仇恨在战场上通过双方将士飞溅的鲜血得到了某种程度的宣泄。

不过仇恨很快就被更大的悲伤所代替了。

1025年，悲剧发生了。大王子休·马格努斯在出征攻打自己的父亲时，不慎从马上摔落，不治身亡，成为这场家庭战争中的第一个牺牲者。

罗贝尔·卡佩痛苦地发现，自己失去了一个敌人的同时，也失去了一个亲人。

在接下来的几年里，双方谁都没有力量，同时也都没有强烈的意愿去消灭对方。这场内战就这样在夫妻间的和和吵吵，在父亲对儿子的谩骂，儿子对父亲的抱怨中，有气无力地时断时续。

直到1031年7月20日。

就在这一天，在巴黎东南不远的默伦（Melun），年近花甲的罗贝尔·卡佩终于在与妻儿进行了多年的内战中，耗尽了最后一丝精力。他带着对伯莎的思念和亏欠，带着对妻儿爱恨交加的复杂情感，离开了这个纷争的乱世。

可以说罗贝尔·卡佩不是一个好丈夫，也不是一个好父亲，甚至不能说是一个好的情人。

但是这一切在他离开的那一天似乎都变得不重要了。因为妻子失去了丈夫，儿女失去了父亲，伯莎也失去了她的爱人。不论此前罗贝尔·卡佩做得是好还是坏，他都曾认真地做过。

这场由离婚引起的法国内战，终于以罗贝尔·卡佩的离世而告一段落。

然而捍卫了婚姻和儿女的权利的康斯坦丝并不是

胜利者，避免了法国进一步分裂的罗贝尔·卡佩也不是胜利者，那个在布洛瓦苦等的伯莎更不是胜利者。

在这场婚姻乃至国家的悲剧里，根本就没有胜利者。

康斯坦丝自然也不认为自己是胜利者，虽然罗贝尔·卡佩死了，但是她的另一个心愿并没有实现。

那就是让老儿子小罗贝尔·卡佩即位。

在长子休·马格努斯死后，罗贝尔·卡佩决定让老二亨利接过法国国王这个"铁饭碗"。而康斯坦丝对这个人事安排却相当不满。

因为康斯坦丝在与罗贝尔·卡佩长期痛苦不幸的婚姻中，逐渐养成了这样的行为准则：凡是罗贝尔·卡佩喜欢的，她都不假思索地讨厌；凡是罗贝尔·卡佩赞成的，她都无条件地反对。

换句俗话说，就是罗贝尔·卡佩指东，她偏往西；罗贝尔·卡佩打狗，她偏骂鸡。

这个准则也同样适用于儿子身上。

不过有一点不同，当时家庭的主要矛盾是夫妻和父子之间的矛盾。康斯坦丝还要利用老二亨利·卡佩去对付他老子，所以，虽然她心里希望小罗贝尔而不是亨利即位，但是这个次要矛盾只是在一定程度上发酵着，并没有过于表面化。

但是随着罗贝尔·卡佩的死去，次要矛盾逐渐变成了主要矛盾。

亨利·卡佩即位后没多久，康斯坦丝终于开始对自己的儿子下手了。

被从背后捅刀子，而且拿刀子的还是自己的亲生母亲，亨利·卡佩是一点儿心理准备都没有。

很快亨利·卡佩就被赶出了巴黎。

亲人的背叛这一残酷现实让年仅23岁的亨利·卡佩认识到一个无情的真理：面对权力的诱惑，即便是最亲的父母兄弟也靠不住，一切只能靠自己。

在国王这条职业道路上，所有的从业者注定都要一个人孤单寂寞地走下去。

虽说一切要靠自己，可眼下手里兵穷将寡，亨利·卡佩也还得找人帮忙。

于是他选择了离巴黎不远的诺曼底。倒不是因为亨利·卡佩和诺曼底公爵罗贝尔（征服者威廉的父亲）

有表亲关系——这年头连父母兄弟都能成为敌人,你还能指望一个表哥为你赴汤蹈火吗?

但是亨利·卡佩知道罗贝尔一定会帮助他,因为罗贝尔是个地道的生意人。

所谓生意人,无利不起早。你只要能让他占到便宜,什么都是可以交易的。

这不,当亨利·卡佩向罗贝尔说明了此次的来意——借兵打败自己的老妈和兄弟后,罗贝尔就开始对着桌上的一张地图陷入了沉思。

"我听说威辛(Vexin)的土地肥沃,麦子长得很好。丰收的季节风吹麦浪一定很迷人吧?"罗贝尔想到了什么似的,突然开口问,"对了,威辛的埃普特河今年发水了没?"

别看亨利·卡佩年纪轻,可他在和老爸老妈与亲兄弟的斗争中,早就锻炼成一个老辣的政治家了。他一听就知道罗贝尔是看中了威辛地区,想以此作为出兵的条件。

于是他马上表示:"只要哥哥您出兵,帮兄弟我打我妈,事成之后,威辛就归您了。"

按说亨利·卡佩出的价码并不算低，可是罗贝尔似乎还是有些不满足，因为他还有一件更重要的事情需要亨利·卡佩的支持。

亨利·卡佩一看罗贝尔不表态，心里一边暗骂这个表哥狡猾，一边还得继续表示诚意："要是还有什么兄弟可以做的，您就只管说，兄弟我一定赴汤蹈火，在所不辞。"

罗贝尔等的就是这句话。于是他说了自己的这块心病。

原来罗贝尔一直在为自己的独子威廉能否顺利接班而发愁。虽然他使出了九牛二虎之力，托关系走后门，教廷终于承认了儿子的诺曼底继承人身份，又迫使手下的贵族发誓在自己百年之后，拥护威廉成为新的领主，但他深知手下的誓言靠不住，在那些看似毫无异议的沉默背后，隐藏的是强烈的不满和躁动的野心——这时常让罗贝尔感到脊背发凉。

所以罗贝尔希望亨利·卡佩能够支持威廉的继承权，当然，不能仅仅是简单的道义和精神上的支持。

如果只在威廉遇到困难的时候，站出来说两句"我谨代表法国政府和人民向你表示诚挚的问候和由衷的支持",那基本就是说希望你自己能挺下去。

而罗贝尔要的是亨利·卡佩在自己去世后,在军事上和政治上罩着威廉。

这就等于,我这回帮你一次忙,你不仅要把威辛作为报酬给我,以后还得帮我儿子一辈子。对罗贝尔来说,这绝对是个投入产出比很高的生意,既有保底,还有分红,罗贝尔不愧是个精明的生意人。

对于这么一个苛刻的条件,亨利·卡佩却毫不犹豫地答应了。

因为这个看似托孤的要求,在亨利·卡佩看来基本就是个空头支票。

且不说现在罗贝尔年富力强,有着牛一样的身板,撇开非自然因素,谁走在谁前头还真不好说。如果自己先死,那这托孤就自动作废了;就算自己命硬,到时候哪怕不履行承诺,你还能从坟墓里蹦出来找我算账吗?

可是亨利·卡佩算计错了。几年以后,他就得为这份承诺而赔上大把的金钱。

先不管以后是赔是赚，亨利·卡佩的承诺换来了罗贝尔实实在在的支持。

罗贝尔马上出钱，出人，出武器，帮着亨利·卡佩重整旗鼓。

由于诺曼底的支持，战争的天平慢慢地向亨利·卡佩倾斜。最后小罗贝尔·卡佩被迫向哥哥妥协，双方得以和解。

但是小罗贝尔·卡佩并没有吃亏，他被册封为勃艮第公爵。正是这一册封，使得勃艮第公国脱离法国的统治长达400年之久。

小罗贝尔·卡佩得到了勃艮第，亨利·卡佩也保住了王位。哥俩看上去都很满意，可是他们的老妈康斯坦丝还是不高兴。出人意料的是，康斯坦丝守着自己那不大一点的领地，继续对抗法国政府，和儿子叫板。

不仅如此，在几次被政府军击败后，康斯坦丝居然还摆出一副和亨利·卡佩死磕到底的架势，屡战屡败，屡败屡战，就是拒不缴械。

仗打到这个地步就没什么意思了。兄弟都放弃对王位的要求了，老妈还没完没了。亨利·卡佩都不知道自己为什么还要打下去。

可以说,现在康斯坦丝纯粹是为了争口气,才继续和儿子较劲的。而这口气其实冲的还是死了的罗贝尔·卡佩。

亨利·卡佩最后实在受不了了——对付这个有点儿神经质的母亲,不来点儿邪乎的是不成了。

在围困了康斯坦丝的一块叫普塞特(Le Puiset)的领地后,亨利·卡佩放出话来说,如果老妈再不投降,他就要屠城。

这回康斯坦丝终于屈服了,正式向儿子投降。

自此,这场旷日持久的家庭大战终于收官了,而法国也为此折腾得不成样子了。

失去了奋斗目标和较劲对象的康斯坦丝,在三年后的 1034 年,失意地离开了这个世界。

康斯坦丝死后,与罗贝尔·卡佩合葬在专门安葬法国国王的圣丹尼斯圣殿教堂(Basilica of St Denis)。

不管生前两人如何争吵,如何相互憎恨,甚至兵戎相见,最终他们都永远宁静和平地躺在一起了。

死而同穴,也算是有始有终吧。

罗贝尔·卡佩和康斯坦丝的婚姻虽然很不幸，但是并没有影响他们下一代的婚姻观。

其中二女儿阿黛勒（Adela）先是嫁给了诺曼底的理查三世（诺曼底公爵罗贝尔的哥哥，威廉的伯父）。可惜小两口新婚的热乎劲儿还没过去，理查三世就非正常死亡了。

按照稀缺政治资源再利用的原则，阿黛勒公主又被重新摆上了欧洲国际婚姻市场的"货架"。

守寡一年后，阿黛勒公主改嫁给佛兰德斯伯爵鲍德温五世（Baldwin V of Flanders）。

对于卡佩家族来说，这个鲍德温五世可不是外人。他就是罗贝尔·卡佩的第一任妻子苏珊娜大妈和前夫的嫡亲孙子。如果按照中国传统的排辈习惯，鲍德温五世和阿黛勒应该是差着辈分的。

但是先辈们的恩恩怨怨，并没有妨碍这对幸福的夫妻过得春光灿烂。

而他们的独生女儿玛蒂尔达（Matilda）后来嫁给了诺曼底的第七任公爵，也就是我们故事的主人公征服者威廉。

当然，现任的诺曼底公爵罗贝尔不可能知道，他这次出手相助的亨利·卡佩竟然还是他未来儿媳妇的娘家舅舅。

现在，他只知道一个硬道理，就是助人为乐先得自己有得乐。

所以刚刚打败了法国的叛军，罗贝尔就找到亨利·卡佩要账。作为一国之君，亨利·卡佩自然也不能食言，痛痛快快地把威辛送给了罗贝尔。

得到了威辛地区和那里美丽麦田的罗贝尔终于乐了。

很多很多年以后，有两位年轻的法国印象派画家同样被威辛地区的麦田风光所吸引，并以此为题材创作了闻名世界的油画。

这两位画家，一位叫莫奈，一位叫凡·高。

6. 海盗的成功学

讲到这里,大家可能会对诺曼底公国和法国的微妙关系感到奇怪:为什么一个王国里还有这么一个有主权的公国呢?这个诺曼底公国又是从哪儿冒出来的呢?

为了把事情说清楚,我们先把时间再往回倒两百年。

当时的欧洲正处在维京(Viking)时代。

那是一个让现在的部分欧洲人谈起来,都多少有些色变的恐怖年代。一波又一波从北欧斯堪的纳维亚和日德兰来的海盗,对欧洲沿海地区进行着疯狂的侵略和掠夺,构成了这个时代的鲜明特征。

而这帮海盗就是维京人。

所谓维京,在古北欧语中的原意并不是代表某类人，而是指诸如开拓探险之类正面意义的行为。不过后来这种行为都变味了，特指去别人家搞打砸抢。只要北欧的海盗头子一招呼"去维京"（go viking），海盗们就知道要上工了。

其实最早的维京人基本上都是从事商业贸易、打鱼等正常职业的良民。

但是在793年，一切都改变了。而这一年也成了维京时代的元年。

这年的6月8日，一帮维京商人渡海去英格兰做国际贸易，可能是觉得海关进口税太高，和收税的官员闹翻，最后还动手把税务人员给杀了。事情闹大，脸已经撕破，也就没什么好说的了，还管他什么买卖，直接抢吧。于是林迪斯法恩岛上的修道院成了世上第一个维京海盗的牺牲品。

聪明的维京人很快就发现，抢劫这种不用本钱的"买卖"（当然，要说本钱也有，即必要的武器和自己的命），比大老远从家乡吭哧吭哧运来那么一点土特产出售，投入产出比要高得多。

而且从人种上讲，北欧人在高大的白种人里都是粗胳膊粗腿，人高马大的，基因里本就带着一股狂野强悍的劲儿，天生一副好体格，不当强盗都算屈才。再加上这一开始就尝到了甜头，自然一发不可收。

很快，维京商人就从职业商人向半商半盗过渡，最终成了职业海盗。

榜样的力量是无穷的，特别是发财致富的榜样。

看到邻村的亲戚到英国或者法国转了一圈，就带回那么多好东西，有几个不眼红的？这种成功的职场转变和丰厚的利润回报，很快就吸引了更多的北欧人加入抢劫的队伍。

于是维京海盗的成分开始复杂起来。农民、手工业者、伐木工，五行八作，全民一起去打劫。

北欧的国王领主也非常积极地鼓励和参与这种全民造富运动。上行下效，更是推波助澜。就这样从8世纪到11世纪的几百年里，北欧官方和民间组织对欧洲其他沿海国家大规模侵略和抢劫的行为一浪高过一浪。

其实维京人颇有点儿像中国古代北方的游牧民族，不断地南下入侵南方那些比他们更文明的地方。

只不过中国古代游牧民族靠的是铁骑，维京人靠的是他们特有的长船（longship）。

这种船不大，一般也就二十几米长，而且只有一张横帆，船身长而窄（长宽比一般在 7∶1），船头船尾高高翘起，操作起来轻便灵活，还能经得起风浪。顺风的时候用帆，没风或逆风时就用桨。

这种船唯一的缺点就是舒适度太差，没有船屋，甚至连个篷子都没有，甲板下的储藏室是用来放补给等物品的，根本容不下人。如果是平常的风吹日晒倒还好说，要是赶上气旋风暴什么的，船上连个躲雨的地方都没有。

也亏得是性格坚毅、体格健壮的北欧人，甭管什么恶劣天气，多大的风浪，都能风雨无阻地乘着小船将打劫进行到底。

维京人就是用这种长船，顺着波罗的海和北海南下劫掠北海沿岸的苏格兰，英吉利海峡两岸的英格兰和法兰西，大西洋沿岸的爱尔兰和伊比利亚半岛（西班牙和葡萄牙），以及地中海北岸的意大利。还有一支维京人进入黑海，逆流而上，攻入了东欧。

要说维京人只知道抢劫,确实也低估他们了。种庄稼、打鱼,还要培养地力和控制不要涸泽而渔。不到万不得已,维京人一般不会搞"三光政策",毕竟第二年还得回来"收租子",杀鸡取卵是不利于抢劫行业的可持续发展的。

除了抢劫,维京人也常常顺带做些副业,比如奴隶贸易。当然,卖的不是黑奴,而是白奴。奴隶的主要来源是东欧的斯拉夫人(Slavic,当然也包括白俄罗斯和乌克兰的美女)——这也是拉丁语及后来的英语里奴隶(Slave)一词的来源。

在长达两百多年的维京时代里,维京人有"下南洋"的(去西欧、南欧),有"闯关东"的(去东欧),还有一波"走西口"的(向大西洋挺进)。

下南洋和闯关东的维京人靠着抢劫和贩卖人口,基本都发了横财,唯独这帮走西口的比较悲惨。

他们驾着小船执着地一直向西,先是发现了法罗群岛(Faroe Islands,位于挪威和冰岛之间),岛上全是石头,没人住,没得抢,只能自己开石头种地;再往西划,发现了冰岛,啥也别说了,除了冰就是冰,只能自己凿冰种地；继续向西划，发现了格陵兰岛，这回岛上终于有居民了——北极熊和企鹅，可除了从它们身上抢点毛皮，还得自己种地。

最后这支维京人都快崩溃了，他们想不明白，都是生活在北欧的维京海盗，怎么差距就那么大呢？

终于，在两百年后的999年，住在格陵兰岛上的一个名叫莱夫·埃里克松（Leif Ericson）的维京人实在坐不住了。他是格陵兰岛的发现者红胡子埃里克（Eric the Red）的儿子，不相信在这波澜壮阔的维京大时代里，他们这支维京人就这么点儿背，只能靠开石头、做刨冰和卖熊毛过日子。

他搞了一艘小船，组织了一支35人的敢死队。秉持的信念是就不信邪，一直向西，一定要找到一个有人住的地方，哪怕那里的人穷得揭不开锅，也要把他们的锅盖抢走。

在大海漂了许多天以后，埃里克松和他的追随者们终于发现了一片陆地。

当埃里克松踏上这片神秘的土地时，他不知道自己已经打破了一项世界纪录，成为第一个踏上美洲新大陆的欧洲人，比哥伦布早了整整500年。而埃里克松首次登陆的地方很可能就是位于现在加拿大西北部的纽芬兰岛。〔1960年，由挪威探险家海尔格·英斯塔（Helge Ingstad）和他的考古学家妻子安妮·斯泰恩·英斯塔在纽芬兰岛的兰塞奥兹牧草地发现了维京人定居的遗迹，联合国教科文组织在1978年把这里列为世界文化遗产。〕

而当时的埃里克松并不在乎自己是否发现了新大陆，也没地方去申报这项纪录和文化遗产。他只想先找个定居点安顿下来，再去实现自己的伟大梦想——抢劫。

可是他在北美洲的东海岸转悠了很久，一直都没开发出一处定居点。但值得庆贺的是，这次他终于找到潜在的抢劫对象了：一群黄皮肤、黑发、黑眼睛的当地人。

他本来还想用从祖辈那里学来的本领去抢劫这帮当地人，好满足一下他身为海盗的虚荣心，很快他就发现自己错了。

犯错误当然是要付出代价的，不过这次埃里克松的代价比较昂贵——他一个兄弟的命。

这帮让埃里克松的弟弟客死他乡的原住民,被他称为斯科瑞灵人(Skræling),在古北欧语里是野蛮人的意思(你去抢别人,还说人家野蛮)。他们还有一个更为人所熟知的名字——印第安人。

抢劫失败后,埃里克松当真正海盗的梦想彻底破灭了,他和他的后继者再也不敢和印第安人玩横的了,只能老老实实地和他们做生意,卖卖刨冰和熊毛。

维京人在北美洲没尝到什么甜头。五百年后,一个来自热那亚的年轻水手在冰岛的小酒馆里听到了这段维京人探索新大陆的故事。年轻人备受鼓舞,坚定了自己向西探险的信心。

经过十几年的游说,那个已经成为中年人的热那亚水手,终于从西班牙王室那里忽悠到一笔贷款,去实现自己早年的梦想。

1492年8月,他带着一支船队从西班牙海岸出发,一路向西,经过两个月的航行,终于抵达五百年前埃里克松造访的美洲新大陆。

从此,持续几百年的欧洲人对外探索殖民的大航海时代开始了。

而这个开启时代之门的热那亚水手,叫克里斯托弗·哥伦布(Christopher Columbus)。

7. 诺曼底的发家史

在持续了两三百年的维京时代里,维京人划着不大的长船,沿着欧洲的江河湖海,搞渗透式抢劫。许多欧洲国家都因此倒了血霉,这就包括法国和英国(当时还叫英格兰)。英国的事我们以后再说,先让我们看看法国。

从 9 世纪起,法国就不断受到维京人的骚扰。早期维京人还是打完就跑的游击战术。可是后来有一批维京人发现,法国西北海岸地区土地肥沃,风调雨顺,还交通便利,划着船从北欧顺着洋流一出溜就到了。而且那里还有大片的阳光海滩,没事还能搞个沙滩排球,晒晒阳光浴什么的。

于是,维京人携妻带子,拉着锅碗瓢盆干脆就在法国西北海岸定居下来了,从海盗成功转型为土匪。

而此时统治法国的加洛林王朝（Carolingian Dynasty）正在急速衰落，可谓风雨飘摇。王朝再也不见当年查理曼大帝时的鼎盛景象。

法王查理三世（Charles Ⅲ）内忧外患，自己一头大包还管不过来呢，实在是没精力跟维京人折腾了。

911年，查理三世提出，只要维京人以后不再打劫，就给他们发良民证和法国绿卡，并让他们在西北海岸地区建立自己的公爵国。不仅如此，法王还愿意把自己的女儿嫁给维京土匪头子罗洛（Rollo），条件是，这伙维京人要保证以后担负起法国西部海防的任务，不能再让别的维京人入侵法国。要说这个条件还是蛮优惠的，没想到的是，查理三世又提出了一个苛刻的要求：

以罗洛为首的维京人必须皈依基督教。

其实查理三世的意思很单纯，就是想通过基督教的教义，去约束这帮无法无天的维京人，让他们改掉原来的土匪习气。

虽说基督教和维京人原有的宗教信仰有着本质的冲突，但是罗洛非常痛快地答应了这个要求。

其实这也不难理解，毕竟大多数维京人都是务农出身，在北欧那种一年中大半年下雪的地方，土里刨食实在是不容易，否则谁会拖家带口出来当强盗呢！

如今法国政府承认了他们这些流民，他自己一个村长起家的强盗头子不仅变成了公爵，还当了法王的驸马，这么好的事情实在是打着探照灯也难找。

至于信仰，北欧原本有着一整套类似于希腊神话的神祇系统，哪个神负责哪一摊都有明确的分工。在北欧那一亩三分地，大家基本上都拜包括奥丁和雷神索尔在内的十二位主神。

可是自从维京人出道干了打劫这一行后，他们的世界观也发生了变化。维京人逐渐认识到这样一个道理：要创造手中的财富还得靠自己。

此时，与其说这帮海盗有自己的宗教信仰，不如说他们更信奉实力和金钱的力量。

所以罗洛心想，现在既然到了法国这由上帝管辖的地盘，估计北欧的大仙们也不能再罩着自己了。不如索性入乡随俗。再说老子大风大浪都过来了。

于是罗洛很愉快地信奉了上帝，接受了基督教的洗礼。

这帮维京的土匪就这样成功转型成政府的正规军，在法国西北海岸创立了公国，建都鲁昂（Rouen）。

在罗洛和查理三世会面签订条约时，还发生了一个小插曲。

双方签完停火条约后，看在公爵宝座和美丽的法国公主的分上，罗洛对未来的岳父查理三世还算尊敬有加。可是接下来的一项表忠心的程序，却让罗洛不能接受。

效忠人必须亲吻法王的脚以示忠诚。

罗洛当即表示自己不会向任何人屈膝下跪。最后双方妥协，罗洛命令手下的一名大将代替自己亲吻查理三世的脚。

而这名维京将领只认罗洛，哪里认什么法王，自然也不愿意下跪。不过他明显是个具有逆向思维的人，心想规定只说是吻脚，可没规定怎么去吻。

这哥们儿二话没说，过去一把抓住查理三世的脚脖子，把他炮了一个四脚朝天。然后端着查理三世的脚放到自己的嘴边吻了一下。

见此,罗洛大怒,狠狠地踹了他一脚:"小样儿的,这是巴黎,不是咱屯子,别那么放肆!"然后马上过去扶起法王,表示道歉。

查理三世吃了这个哑巴亏,也不好发怒。为给自己解嘲,还连说:"贤婿手下很彪悍嘛,寡人喜欢,寡人喜欢!"

总之,维京人最后都欢天喜地地拿到了法国绿卡,保证以后再也不给政府添麻烦。而查理三世也算是解决了一大内患。

其实法国的这种以土地换和平,变匪为兵的策略,有点儿像古代中国的招安。不过以后法国的国王少不了要为这个诺曼底公国头痛了。

此后定居下来的维京人和当地法兰克人通婚,慢慢形成了一个新的民族——诺曼人(Normans,有北人的意思,为了表示他们的祖先是从北边来的)。

而这个公国就叫诺曼底公国(Normandy,诺曼人的地方)。

诺曼底公国建国不久,查理三世就战败被俘。罗洛虽然出兵相助岳父,但也难以挽狂澜于既倒。很快查理三世被囚禁至死，法国的加洛林王朝也变得名存实亡；到了987年，彻底地被休·卡佩的卡佩王朝所取代。

罗洛和他的后继者们虽然名义上还臣服于后来的法王和卡佩王朝，但无论在政治、军事，还是在外交上，诺曼底公国俨然就是一个独立的国家。公国不断扩张，在鲁昂西边的卡昂又建立了西都，搞了个两都制。

到了理查二世（Richard II，主人公威廉的爷爷，罗贝尔的父亲）统治时期，诺曼底公国达到了空前繁荣。领土不断扩大，内部巩固，人民富庶。人们的吃穿用度基本赶上巴黎的流行时尚了。

虽然衣食无忧，但此时诺曼底的高干子弟并不感到满足。他们开始厌倦贵族生活，觉得生活还是不够刺激。难道人生除了吃喝嫖赌，就没有什么更高大上的追求了吗？

高干子弟们思来想去，终于找到了一个对他们来说更有意义的活法——当海盗去抢劫。

他们纷纷自发组织起队伍出海，沿着维京先辈走过的足迹，再启征途。

其中一伙到了意大利南部，发现那里几拨人马正打得厉害。当时各方都缺人手，一看来了这么多能打的诺曼人，便纷纷开出高价拉他们入伙。于是诺曼人给别人当起打工仔，做了雇佣军。

不过意大利的诸侯们很快就发现自己是在引狼入室。

没过多久，诺曼人熟悉了人文地理，学到了打仗的手艺和技术，便开始自立门户，当起了老板。

诺曼人身体里流着的毕竟是维京人强悍的血液，南欧人的小体格哪里是人高马大的北欧后裔的对手。很快，诺曼人就占领了意大利南部以及西西里岛，建立了西西里王国。

同时，另外一批诺曼人则向北跑到苏格兰去抢码头。后来也逐渐和当地人融合，形成了苏格兰-诺曼人（Scoto-Norman）。

二百年后，其中一个苏格兰-诺曼贵族的子孙率领苏格兰人民成功地打败了英格兰的入侵，使得苏格兰重新获得了独立，而他自己也成了苏格兰的国王。

这个人叫罗贝尔·布鲁斯（Robert the Bruce）。也许他的名字并不为人所熟知,但是他有一位亲密的战友,因为一部上世纪90年代的电影而变得家喻户晓。

这部电影叫《勇敢的心》,而与布鲁斯并肩作战的那位战友的名字是威廉·华莱士。

在这部感动千万人的电影中,布鲁斯的父亲后来出卖了华莱士,但这是不是真实的历史呢,答案稍后揭晓。

此时的诺曼底公爵罗贝尔,并不知道原来那些和自己一起花天酒地的哥们儿,在意大利和苏格兰是怎么拼搏奋斗,发家致富的。他只知道,作为诺曼底的领导人,他有责任把诺曼底建设成中世纪欧洲的强国。为了这个理想,他会不断努力。

就像这次,通过支持法王亨利·卡佩,罗贝尔就得到了威辛地区。而后他又积极踊跃地干预周边国家和地区的内政,并且收留了从英格兰逃来的表弟爱德华王子,帮他在诺曼底建立了流亡政府。

正是罗贝尔的这一举措,使得三十多年后,他的儿子威廉可以理直气壮地入侵英格兰,去争夺英格兰王位的继承权。

在内外政局一切安定的情况下，很有成就感的罗贝尔决定上路前往耶路撒冷，为成功给儿子威廉上了"户口"还愿。

临走前，罗贝尔温柔地抚摸着小儿子的脑袋，良久。最后，他看了一眼儿子和送行的队伍，上路了。

他想不到的是，自己永远也看不到儿子威廉长大成人的那一天了。

1035年7月2日，在从耶路撒冷朝圣回来的路上，罗贝尔病死在小亚细亚半岛的尼西亚（Nicaea，在今天的土耳其）。

那一年，威廉7岁。

据后来奉征服者威廉之命，去接回罗贝尔遗体的英国历史学家马姆斯伯里的威廉以及诺曼诗人洛伯特·卫斯的事后报告，罗贝尔是被毒死的。我们很快就会知道下毒人的目的了。

8. 成长的烦恼

威廉的童年是不幸福的,7岁时父亲去世,亲生母亲已经嫁给别人,还生了两个弟弟,人家一家倒是其乐融融。而且迫于身份的问题,母亲也不能总去看他。

虽然父亲死后,威廉还算是顺利地接了班,当上了诺曼底第七任公爵。但是对于一个7岁的孩子来说,权力和地位有什么意义吗?

他需要的是母亲温柔的关怀,父亲的爱护,以及和同龄人一起玩耍的快乐。而他得不到这些本应属于一个7岁孩子的一切,只能孤独地高高坐在公爵的宝座上,接受属下的朝拜。

威廉过得似乎太舒服了,上帝觉得他仍需磨炼,让他不幸福的童年变成不幸的童年。

自从威廉当上公爵,各种不满和反叛的情绪暗流涌动。首先在坊间，人们给7岁的公爵起了个外号。

其实起外号本身并没有什么问题。由于诺曼底的贵族都没有姓氏［这一点在欧洲的王室中是很普遍的现象，威廉和罗贝尔都只是名（first name）而已］，为了区分此威廉非彼威廉（因为我们的主人公威廉有个堂兄弟也叫威廉，他的祖先第二代诺曼底公爵还叫威廉，他的二儿子又叫威廉），人们给他起外号也是很正常的。这就好比有人叫张三、李四或者王二麻子，可是远近村里叫这种名字的人太多了，为了区分清楚，就得说明白找的是靠山屯的张三、李四、王二麻子，还是夹皮沟的张三、李四、王二麻子。

我们后面会看到，很多英国的国王当时都有外号，而称呼王后时，通常在名字前冠她们的出生地以示区别。这些加外号和冠地名的方式在中世纪非常流行，而且也是史学界一直使用的区分历史人物的方法。有的外号后来甚至变成了某些欧洲王室的姓氏，比如法国的卡佩王朝和英国的金雀花王朝所用的卡佩和金雀花，开始时都是王朝创始人的外号。

但是我们主人公的这个外号可不太好，叫私生子威廉（William the Bastard）。

我们可以看出诺曼底人对这位新主子是充满敌意的。威廉的这个外号后来也一直被他的敌人作为用来羞辱他的武器。

至于威廉本人，当然也非常厌恶这个外号。据后来他的专职牧师兼传记作者，普瓦捷的威廉（William of Poitiers——叫威廉的真的是实在太多了）所述，威廉成人后带兵围攻反叛的城镇阿郎松（Alençon）时，守军就骂他是私生子，并把剥下来的动物毛皮挂在城墙上，嘲笑他的外祖父是皮匠。愤怒的威廉在破城之后，下令砍下所有那些辱骂过他的人的一只手。

威廉对待自己的敌人是从不怜悯的，有的只是残酷，甚至是恐怖。

而我们的主人公威廉就目前来说，不得不先顶着这个不雅的外号，而且一顶就是三十年。直到他统治了英格兰后，人们才用"征服者"这一新的外号来称呼他。

其实说到底，给威廉起私生子这个外号，就是对他继承公爵合法性的质疑。

诺曼底的公室贵胄心想，俺们都是第一代公爵罗洛的光明正大的嫡派子孙，怎么着也轮不到你一个皮匠女儿生的孩子来继承大统呀！

虽然这些人之前都曾向罗贝尔信誓旦旦地保证，以后会坚决支持威廉，但是罗贝尔一死，这帮人做的第一件事就是回到自己的领地，招兵买马，加固城防，摆明了一副要开打的架势。几个诺曼底的大贵族私下甚至还搞串联，组成了造反派。

所幸，在威廉继位的头两年里，由于威廉的叔祖父、大主教罗贝尔（又一个罗贝尔）的保护，造反派们还不敢有什么大动作，也就是起个外号，搞点舆论造势。

可是随着大主教在1037年去世，造反派们明显活跃了起来。他们觉得光给威廉起个外号有点儿太便宜他了。

在接下来的几年里，造反派们一口气谋杀了三个威廉的监护人（有点儿像中国的辅政大臣）。而威廉的监护人一度也成了诺曼底死亡率最高的职业。

在扫清了外围障碍后，造反派们终于把魔掌伸向了年少的公爵。

一个月黑风高的夜晚，一名刺客潜入了威廉居住的城堡。

刺客身手敏捷，干净利落地干掉了每一个看到他的人，一直摸进了威廉的卧室。

在最后的关键时刻，当刺客发现床上躺着两个年龄相仿的男孩时，刺客陷入了沉思。

二选一，到底杀哪一个呢？

我们不清楚刺客最后是怎么决定的，为什么不把两个孩子都杀了。或许这违反刺客信条？或许雇用刺客的人只付了杀一个人的钱，而这名刺客从来不做买一赠一的买卖？

总之，刺客杀错了人，威廉的侍童成了替死鬼。

虽然这次的暗杀行动没有得手，但并没有妨碍诺曼底造反派们的积极性。他们似乎搞暗杀搞上了瘾，为了杀掉威廉，造反派的头头们居然开展了暗杀大竞赛，看谁能先得手。

一时间，威廉的小命成为诺曼底乃至全法国杀手和刺客的目标。干掉小公爵就可以发笔横财，已经成了刺客行业公开的秘密。那架势，就差在城门上贴出悬赏告示了。

当然，威廉的侍卫和拥护者也"不白给"，他们在威廉的周围形成了铁桶似的保护圈。为了防范刺客，威廉的舅舅经常在半夜里叫起熟睡的威廉，让他换个地方睡，甚至时不时地把他藏进农民家里。

就这样，身为一国之主的威廉，在自己的国家都不能睡个安稳觉，常常东躲西藏，躲避着杀手的追杀。

即便如此，也时常有高手突破重重保护，或是嗅到威廉所在，多次威胁到他的性命。

威廉身边的人为了保护他不断倒下：监护人、管家、仆人、侍童和玩伴……一个个熟悉亲密的身影，在第二天也许就成了他永久的怀念。

生离死别，对年幼的威廉来说，已经司空见惯。

虽然在他面前还有一段很长的人生路要走，还有很多东西要去学习，不幸的是，他的人生第一课，居然是如何摆脱死亡的阴影。对一个孩子来讲，这未免过于残酷。

而这些幼年血雨腥风的经历在他幼小的心灵里种

下的阴影,也为其成人后的冷酷残暴埋下了深深的伏笔。

不过有一点值得庆幸,通过多次生死考验,威廉向人们证明了,他已经具备了一项所有伟大的成功者都应有的品质——命大。

不过就算是命大,也招架不住刺客地毯式的搜索和飞蛾扑火式的进攻。(着实有那么一批菜鸟级的刺客,给后面骨灰级的大侠蹚地雷。)

就在这个时刻,一个人出现了。他的出现将彻底改变威廉的命运——虽然这并不完全是他的初衷。

这个人就是法王亨利·卡佩,威廉的表叔。

作为罗贝尔死前托孤的人,虽然在诺曼底发生了那么多暗杀事件之后,亨利·卡佩才姗姗来迟,但这也不能完全说明他不厚道。

因为亨利·卡佩确实有自己的难处。为了摆平老妈和老弟的叛乱,亨利·卡佩把勃艮第公国送给了弟弟小罗贝尔·卡佩,法国的实力已大大削弱了。为此,他还从后世的史学家那里赢得了一个响亮的称号——史上拥有王室领地最少的法国国王。

虽然他很努力地去做一个国王,但是由他爹罗贝尔·卡佩所做的荒唐事而引起的法国内战，使得王室的势力衰弱到了极点，亨利·卡佩不得不品尝着父债子还的苦果。

所以当亨利·卡佩目睹诺曼底发生的流血事件时，纵使他很想帮威廉，一时间也只是有心无力。因为一个人想站出来替弱者说话，首先自己必须有实力。

可是眼见诺曼底造反派们猖狂地搞刺杀，如果亨利·卡佩再不站出来发声，估计以后就没机会声援威廉了。

于是亨利·卡佩壮了壮胆子，在诺曼底这个舞台上，大喊了一声"威廉是我侄儿，你们都给我住手"。

没想到的是，他这一声真起到了作用，造反派们立时就被震住了。其实从始至终，诺曼底造反派们就是一帮欺软怕硬的货，攒鸡毛凑掸子，欺负欺负孤儿寡母，他们是一个不落后的。可要是出来个大人物，冲他们嚷嚷两句，立马就把他们唬住了。

当然也不能完全怪造反派们胆小，毕竟亨利·卡佩是法国国王，诺曼底名义上还是法国的领土。作为国王的亨利·卡佩力挺威廉这个地方一把手，诺曼底的这些人就算再不知趣，也得掂量掂量自己有几斤几两吧。

而且造反派们一看这架势，要是再对威廉下手，亨利·卡佩可能就会从口头警告，变成武力干涉了，那代价可就大了去了。

就当时而言，造反派们明显还没有跟亨利·卡佩和威廉最终摊牌的资本，能不能打赢先放在一边，首先义理就不在他们这方，和法王动武就真成造反派了。

所以亨利·卡佩出面后，诺曼底的贵族暂时收敛了不少，而杀手也都被解约失业了——那年头也没个职业工会什么的，从事高危工作的杀手的权益自然也得不到保障。

实际上，诺曼底的造反派们现在只是有造反的心，没造反的胆儿。距离他们有心造反，还要再等上几年。而就是这几年，给了威廉足够的时间成长，到那时，造反派们面对的可就不是当年的那个小毛孩了。

其实要说亨利·卡佩挺威廉，并不是完全出自他对罗贝尔诺言的遵守。来自一个充满欺骗和背叛的家庭，亨利·卡佩不可能把诺言太当回事儿。

他更不是出于幼吾幼以及人之幼的高尚精神，在那个亲娘老子都能不认的年代，帮助别人的背后不可避免地有着不可告人的动机。

而亨利·卡佩的动机就是，借此插手诺曼底的事务。这样做既能卖给威廉一个人情，又能制衡诺曼底各方势力，防止任何一方坐大，最终威胁到他的利益。

毕竟诺曼底的都城鲁昂离巴黎的直线距离才140公里。在中世纪时，以欧洲马匹的速度，用不了一天的时间就能到达。这么近的距离，亨利·卡佩需要一个支持自己，忠于自己，但又不能太过强大的诺曼底。

在以后的岁月里，我们还会看到亨利·卡佩在这样的原则下跟威廉反目。但是现在法国和诺曼底的蜜月期才刚刚开始，叔侄俩看对方都还挺顺眼。

亨利·卡佩在给威廉捧了场后，就告辞回了巴黎。

刚刚送走这个法国表叔，威廉发现自己的另一个表叔也要离开诺曼底了。而这位表叔背后的故事，可要比法国表叔亨利·卡佩的精彩得多。

第二部

千年一梦不列颠

1. 英格兰的表叔

1041年，一个风和日丽的夏日早晨，微风轻拂海面，海浪缓缓地拍击着索姆港（Valery-sur-Somme）的海岸和港口里停泊着的一艘中型横帆船。

一群海鸥在港口上空盘旋着，搜索着地面上任何可能的食物，并且不时地瞥着下面熙熙攘攘的人群。

码头上，水手和随员正忙碌地向船上搬运各种行李，一个身着诺曼贵族服装的瘦高中年人正频频地和送行的人们道别。

在送行人群的最前面，站着一个十三四岁长相俊美的贵族少年。少年的个子很高，看上去比同龄人高壮些。

此时，少年正握住瘦高男人的手，问："叔，您什么时候再回来呀，我还想和您一起去打猎呢！"

男人拍了拍少年的肩膀，笑着说道："孩子，等你再长大些，来英格兰找叔玩儿吧。那里有大片的森林，数不清的野味，咱爷儿俩几辈子都打不完！"

"好呀！好呀！我一定去找您！"少年很开心地点着头。

其实男人并没有正面回答少年关于他是否会回来的问题，因为他自己也不清楚，有生之年还会不会回到诺曼底，回到这个他度过少年和青年时代，伴他成熟步入中年的地方。

是呀，他在这里实在待得太久了，离家也实在太久了。从自己十岁起到现在，整整二十八年过去，如今终于可以名正言顺地回到出生的故乡英格兰了。本应该很高兴的他，眼中却流露出几分留恋和惆怅，因为他觉得自己已经是个诺曼人了。

这个男人就是未来的英格兰国王爱德华，而那个少年则是诺曼底公爵威廉。

爱德华是英格兰韦塞克斯（Wessex）王朝的末代掌门人，有个外号叫忏悔者，所以史称忏悔者爱德华（Edward the Confessor）。

据说爱德华之所以有这么一个外号,是因为他对上帝无比虔诚,几乎天天过着圣徒般清心寡欲的生活。

而且爱德华在位的时候,还下令修建了一座巨大的教堂。而这个教堂后来成了英王加冕,以及王室红白喜事官方唯一指定承办单位。这座教堂就是威斯敏斯特教堂(Westminster Abbey),它还有一个更为中国人所熟知的名字——西敏寺。

其实在后面的英国历史上,还有八位叫爱德华的英王,从一世到八世。而这位忏悔者爱德华,并没有出现在以同名排序的英国国王的命名体系里。

虽然很多英国人也不清楚这是为什么,但背后的原因其实很简单。

因为现今英国使用的这个有着一千年历史的英王同名加一的排序系统,是从我们的主人公威廉(史称威廉一世或者征服者威廉)开始算的。

如果按照中国的传统,一般的规矩是,朝代开创者的庙号都叫太祖或者高祖,然后是太宗、仁宗、宣宗什么的,最后一位一般只能叫哀宗或者思宗了。而只要王朝一更替,皇帝的庙号马上都 reset(刷新),

还是打太祖、太宗起，后面的王朝谁都不会按前朝的顺序给本朝排次序，因为这相当于大逆不道。

可为什么英国在这一千年的历史中，王朝更替好几回，却一直沿用一个国王名号排序系统呢？

其实这个问题并不难解释。因为在威廉之后的几乎所有英王（包括已故女王伊丽莎白二世在内），从血缘上讲，都是他的后裔。

而每次王朝交替接力棒，基本上都是由前朝国王的女性后代的子嗣继承的，也就是说，会由外甥、外孙，甚至重重外孙继承（如果是由女王的儿子继承，那就直接改姓了）。

因为按照西方"男女平等"的观念，母系先祖和父系先祖一样，都被当祖宗看待，在英语中爷爷和姥爷都叫 grandpa，而曾祖父和曾外祖父都叫 great-grandpa。

所以如果威廉之后的英王有和前面祖先重名的，也就自动加一处理了。而在威廉之前的，即便是同名，习惯上也很少被历史学者做等差排序。

但是如果硬是要排的话，我们也姑且可以叫忏悔者爱德华为爱德华零世,他前面的叫爱德华的国王们,或者可以叫负一世、负二世,以此类推。

虽说忏悔者爱德华和威廉不是直系亲属,但他们还是有一定血缘关系的。如果翻家谱排辈分,忏悔者爱德华和亨利·卡佩一样,也是威廉的表叔。他是威廉的姑奶奶艾玛(Emma,宽宏的罗贝尔的姑姑)的儿子。

其实说起来,威廉家的表叔还真是多得数不清,而且都是各国政要,基本没有大事不登门。可是这位英格兰的表叔却有些与众不同。因为自从他十岁那年来串门,几乎就待在诺曼底不走了,而且一待就是二十八年。

要说起这次串门,还得回到二十八年前的1013年。

话说那一年的冬天特别地冷,英格兰多雨的冬季,雨水落到地上,马上就冻成了冰。路面冻得嘎嘎的,只有吃饱了撑得难受的人,才出门溜达消食儿。

可偏偏这个时候,英格兰国王埃塞雷德(Ethelred)带着自己的老婆艾玛和几个孩子(包括忏悔者爱德华),不远千里跑到大舅子诺曼底公爵理查二世(威廉的爷爷）家探亲。

显然埃塞雷德并不是吃撑了难受，而且恰恰相反，他那个国王的金饭碗刚刚被别人抢走了，所以说他探亲是好听的，其实就是来避难的。

而那伙抢了埃塞雷德地盘和饭碗的人，和诺曼人还算是远亲。他们就是我们前面提到的赫赫有名的维京人。

要说维京人给英格兰带来的苦难，可要比法国多得多。英格兰在当时维京人横行的西欧都算是个重灾区。

我们以前也讲过,维京时代始于793年,不幸的是,开启这个时代大门的地方就在英格兰。

在此后的两百多年里，维京人，尤其是丹麦维京人对英格兰骚扰不断，简直把那里当成了自家后院的菜地，一到收获的季节就跑来搞采摘。

有一段时间，丹麦人甚至侵占了英格兰北部大面积的领土，建立起几个维京小王国。而且还不时南下抢劫，逼迫英王缴纳保护费。

要不是在9世纪末的时候英格兰出了一个厉害人

物，一举击败了丹麦人，估计现在的英国人都得说丹麦语了。

这个厉害人物在英国历史上相当有名，在2002年英国广播公司（BBC）做的一次关于最伟大的英国人的调查中，他排第十四位，比维多利亚女王（第18位）和已故伊丽莎白二世女王（第24位）排名还靠前。

这个差点儿挤进十强的人叫阿尔弗雷德（Alfred），他领导英格兰人民打退了丹麦人的侵略，使英格兰免于彻底被丹麦人占领，由于这一伟大功绩，他在历史上被称为阿尔弗雷德大帝（Alfred the Great）。

在英国的历史上，他是第一位，也是唯一一位英格兰本土出生的被称为"大帝"的国王。

可是阿尔弗雷德大帝绝对想不到的是，一百多年后，由于他的后代子孙不争气，英国历史上出现的第二位也是最后一位被称为大帝的国王，居然是个丹麦人。

虽然阿尔弗雷德大帝对整个英国历史的影响很大，但遗憾的是，他并不是我们的领衔主演。

因为他不是真正意义上的英国或者英格兰的国

王，至于其中的原因，我们在后面会提到。

而那位英国第二号大帝不久也会登场。

在二号大帝登场之前，丹麦人在 1013 年把英格兰当时的执政党——韦塞克斯（Wessex）王朝赶下了台。从那时起的将近三十年里，英格兰王子爱德华同学的大部分时光都是在诺曼底度过的。

虽然爱德华后来做了国王，可是他早年的那些经历，可真是"这次第，怎一个惨字了得"，从十岁开始就在海外漂泊，前后将近三十年，可以说他的童年比威廉还要悲惨。

既然我们说到了爱德华的不幸遭遇，就不得不先详细介绍一下英格兰当时的背景。至少我们现在终于可以谈谈真正的英国历史了，要不大家还以为这书是写法国历史的呢。

伦敦威斯敏斯特桥桥头的布狄卡驾驶双轮战车的铜像

位于英格兰北部的哈德良长城遗址(原图在英格兰遗产委员会)

沃提根观看红龙和白龙打斗,原图出自15世纪《不列颠诸王传》的手稿

位于温彻斯特老市政厅里的亚瑟王圆桌

尼薇安施魔法将梅林困住,由爱德华·科利·伯恩-琼斯(Edward Coley Burne-Jones)创作于19世纪70年代

《亚瑟王之死》,由约翰·加里克(John Garrick)于1862年创作

19世纪的版画,描绘了维京人袭击林迪斯法恩修道院的场景

位于英国温彻斯特市中心的阿尔弗雷德雕像

现存于牛津大学博德利图书馆的《盎格鲁–撒克逊编年史》的首页，此版为彼得伯勒修道院撰写

八位国王为埃德加划船

坎特伯雷大教堂是英国圣公会首席主教暨普世圣公宗的精神领袖坎特伯雷大主教的正式驻地

邓斯坦给魔鬼钉马掌，由英国漫画家乔治·克鲁克香克（George Cruikshank）创作

邓斯坦将埃德威从寝宫内拖出,由英国画家威廉·汉密尔顿(William Hamilton)于18世纪创作

殉道者爱德华被刺杀（来自《国家肖像馆：英格兰国王与女王的历史》一书）

屹立于英国埃塞克斯郡莫尔登的白瑞德诺斯雕像,由现代雕刻家约翰·道布尔戴(John Doubleday)创作

克努特画像

阿森登之战中埃德蒙德（左）和克努特（右）对战（来自中世纪手稿）

《马背上的戈黛娃夫人》，由约翰·柯里尔于约1898年创作

《艾玛王后颂词》一书的作者向艾玛献书(出自《艾玛王后颂词》的插画)

哈德克努特（左）与马格努斯（右）在约塔河畔会面，由19世纪挪威画家哈夫丹·埃格迪乌斯创作

2. 罗马遇上不列颠

在继续故事主线之前,还是让我们花一些时间用流水账的方式来略述一下英国——确切地说是不列颠岛(Britain,英国本土的主岛,包括现在的英格兰、苏格兰和威尔士)10世纪前的居民是怎么生活的吧。这样也能够为我们后面的故事提供一些必要的历史背景和常识。

虽然人类在不列颠岛的足迹可以追溯到八十多万年前的旧石器时代,可惜的是,直到四五千年之前,这个岛基本上还是个鸟不拉屎的地方——对不起,我不严谨了,应该是只有鸟拉屎的地方——完完全全是一个史前时代。只有从考古挖掘里,你才能找到一些当时人们生活的蛛丝马迹,因为根本就没有任何相关文字的记载。

石器时代虽然跨度很长，一直持续到公元前2200年。但除非你对石刀、石斧、石铲或单纯的石头有浓厚的兴趣，否则实在是没什么好介绍的。唯一例外的是，在大约公元前3000年到前2000年的这段时间里，不列颠的土著建造了巨石阵（Stonehenge），除此之外，他们基本上没干过什么能上报纸头条的事情。

巨石阵作为英国标志性建筑之一和旅游必去的景点，到底是如何建造的，是用来做什么的，至今仍然是个谜。专家学者众说纷纭，莫衷一是。什么坟墓说、祭祀场所说、远古天文台说，各种推测假想满天飞，而且都说得有理有据、有鼻子有眼的，甚至还有人认为是超自然力量或者外星人建造了巨石阵。

在大约公元前500年的时候，凯尔特人（Celts）来到不列颠岛定居，而这些外来户后来就被称为不列颠人（Britons）。

于公元前2000年发源自中欧的凯尔特人是现在不列颠群岛上苏格兰人、爱尔兰人和威尔士人的共同祖先。与很多在历史上曾经显赫一时，而早就消失或者被同化的古老民族比起来，凯尔特文化还是很好地保留了下来。

其文化特征至今在上述这些民族的传统语言和风俗中还留有深深的烙印。就连美国NBA联赛里赫赫有名的波士顿凯尔特人这个队名，都是当年创始人为了讨好波士顿的爱尔兰人而起的。你现在要是去苏格兰或者爱尔兰，当地人也会骄傲地称自己是凯尔特人的后裔。

在公元1世纪以前，虽然不列颠岛上的各部落因为土地、水源这类民事纠纷，时不时地打上几仗，但这些基本上还是民族内部矛盾，打也只是小打小闹而已。

而且根据后来的《高卢战记》记载，不列颠的凯尔特人此时还实行着共妻的群婚制度。

直到有一天，一个人的到来彻底打破了这里的宁静。

公元前55年夏末，罗马共和国的高卢总督（高卢包括现今西欧的法国、比利时、意大利北部、荷兰南部、瑞士西部和德国南部莱茵河西岸）来到了不列颠。确切地说，他是带着两个罗马军团，总共一万人一起来的。

这位总督大人的全名有点长,叫盖乌斯·尤利乌斯·恺撒(Gaius Julius Caesar),不过日后他会有一个更响亮而且更好记的名字——恺撒大帝。

恺撒的到来是有原因的,他认为对岸的不列颠人援助了他们高卢的凯尔特同胞,反抗罗马大军,这次来一定要好好敲打敲打他们。此外,他还有一个目的,就是来不列颠探宝,看看这里有没有金银矿、珍珠什么的。

此时的罗马正处于鼎盛时期,军队装备精良,人员素质高,战斗力很强,再加上战神恺撒的指挥,对付不列颠人,应该跟玩儿似的,没有什么悬念。本来恺撒也这么想,可惜这回他错了。

罗马军队一到不列颠岛的海边就傻眼了,因为岸边的悬崖上已经布满了严阵以待的凯尔特各部落联军。如果从那里抢滩登陆,凯尔特人可以很轻松地从悬崖上投掷标枪或者石块,海扁罗马人。

而且罗马人发现不列颠人都用蓝色染料涂抹全身,蓄着长发(很像潘多拉星球的阿凡达人),看上去很是恐怖。

于是，恺撒只好指挥舰队沿着海岸寻找另一处合适的滩头。可是刚要登陆，罗马人又傻眼了。因为舰船的吃水太重，根本无法靠近岸边，只能停在很远的地方。士兵们下水后，发现自己泡在至少齐腰深的海水里。

要知道，罗马步兵都是顶盔贯甲，罩袍束带，盾牌、标枪、短剑一样不少。全套装备下来，少说也有30公斤。背着这身行头在水里走，跟爬基本是一个速度。更倒霉的是，不列颠人也赶了过来，向海里狂抛标枪等所有能抛出的武器，还派骑兵突击。

往日威风八面的罗马军团此时变得行动缓慢，如一盘散沙，根本无法编队形成威力强大的步兵方阵，只有被动挨打。照这样下去，这场战役很可能就要像《植物大战僵尸》第一关那样轻松结束了。

不过恺撒很快就反应过来，立即指挥战舰迂回到敌人的侧翼，用船上的投石机向不列颠人发起猛攻。在冷兵器时代，战场上投石机的威力是相当大的。

罗马军队很快就扭转了局面，不列颠人被打散了。可是由于遇到了逆风，载有骑兵的舰队没能按时到达战场，所以恺撒也无法发动追击歼灭战。

登陆后没多久，恺撒又遇到了新的麻烦。

首先是潮汐，来自南欧的罗马人根本不知道这种自然现象的厉害，因为他们老家那边的地中海是内海，基本没出现过潮汐，所以罗马的舰船都是扎堆停靠的。而位于大西洋沿岸的不列颠，潮汐是家常便饭。

结果海潮一涨一退，罗马战舰都成碰碰船撞在一块儿了。有的战舰还带有冲角，那损失可想而知。

紧接着季节性风暴又来了，从对岸欧洲大陆来的补给彻底中断了。

别看这英吉利海峡不太宽，最窄的地方只有33公里，但是每年从10月到次年4月，海面风浪很大，能见度很低，还时不时地来场风暴，而且通常都是西风或西南风。如果在冬春两季从法国等西欧大陆国家出发，向不列颠岛航行，基本全程逆风。

英吉利海峡的这种气候不光在两千年前让恺撒头疼，也让后世无数的英雄好汉在这里栽了跟头。即使是到了拥有先进舰船技术的20世纪，一个战争狂人也不得不因为天气因素而取消对英国本土的入侵计划。

这个人就是阿道夫·希特勒，而他的计划叫海狮行动。

除了糟糕的天气，更让恺撒生气的是不列颠人还玩起了游击战，专门攻打粮队或者夜袭。虽然这种小打小闹式的骚扰很快就被击败，但是恺撒开始考虑撤兵了。

就在这时，一个消息突然传来——不列颠人投降了。

其实不列颠人也不想打了。因为他们知道，论实力自己根本打不过罗马人，便主动投降，保证以后年年交保护费，还承诺送上人质。而恺撒本来就有意和谈，如今正好见好就收。

于是双方一拍即合，各自收兵。大家看上去都很和谐，可是用不了多久，罗马人和不列颠人又会见面，而且还是在战场上。

由于天时和地利，第一次和不列颠岛的亲密接触，恺撒没有占到任何便宜。简直和他此前狠剋高卢人和日耳曼人的完美战绩不能相提并论，这多少让恺撒觉得有点不爽。又赶上在罗马人离开后，不列颠人开始耍滑头，除了两个部落按时交来了人质外，别的部落一直都没动静。这正好给了恺撒再次出兵的理由。

转过年来的公元前54年夏天，恺撒二次出兵不列颠，这次他带了五个罗马军团共计二万五千人，还外加两千骑兵。

登陆的过程很顺利，敌人根本没出现。接着恺撒下令连夜进军，在深入腹地12英里（1英里约等于1.6公里）后，罗马人终于遇到了不列颠人。不过不列颠人很快就被击败，其主力也退守到一个山头堡垒中。

正当恺撒打算给不列颠人来个包饺子时，一个不好的消息传来——英吉利海峡的潮汐再次让他的舰队玩了回碰碰船，很多战舰都"露馅儿"了。于是恺撒不得不下令全军撤退，回海边修船。

恺撒刚把船修好，不列颠各部人马已经集结完毕，他们共推卡西维拉努斯（Cassivellaunus）为联盟领袖。此后双方你来我往地打了几仗，但是谁也无法取得决定性的胜利。

直到一次在强渡泰晤士河的战斗中，恺撒动用了他的终极致命武器——从非洲搞来的战象。

虽然大象本身是种很温和的动物,但是在战场上被驱赶着横冲直撞,再加上骑在上面的弓箭手的火力,那威力不比坦克差多少。而更关键的是,那年代根本就没有动物园或者马戏团,不列颠人从来就没见过大象。

所以你可以想象,他们第一次见到这种庞然大物时,那种下巴都吓掉了的情景。由于战象强大的攻击力和震撼力,罗马人很顺利地渡过了泰晤士河,攻入了卡西维拉努斯的地盘。

此后不列颠人的联盟开始动摇,内部出现了分化。其中一个叫特里诺文特(Trinovantes)的部落素来和卡西维拉努斯有仇,所以首先向恺撒伸出橄榄枝,表示如果要打老卡,那是要人有人,要粮有粮。接着又有五个部落重新站队,一下从抵抗军变身为"皇协军",而且还出卖了卡酋长的老巢所在地。

真是"老乡坑老乡,两眼泪汪汪"呀。很快卡酋长的据点就被罗马军队包围了。最后卡酋长迫于无奈,向天朝罗马投降。

恺撒对投降的不列颠人还是宽宏大量的，只要交出人质，并承诺以后按时向天朝交纳保护费的，基本都得到了宽大处理。恺撒之所以这么做，是因为此时后方的高卢人正酝酿着一场大规模的叛乱，为了避免两面作战，他必须先安抚不列颠。

在扶植了两个听话的部落首领做国王，当罗马的代理人后，恺撒率领全军离开了不列颠，没有留下一兵一卒。恺撒这一去，便再也没有回到不列颠。

两年后，恺撒在阿莱西亚之战中大败高卢部落联军，歼敌近十万。此役为罗马在高卢带来了三百年的安定，也为恺撒登上人生的顶峰铺平了道路。

公元前48年，通过等额选举，恺撒被选为罗马共和国独裁官，四年后的公元前44年，更是被选举为终身独裁官。

至此，恺撒拥有了前所未有的荣耀和权力，同时也招致了反对派前所未有的憎恨。同年，恺撒在罗马元老院被反对派刺杀。又过了十七年，恺撒的养子屋大维（Octavius）建立了罗马帝国。

虽然恺撒死了，但他对不列颠岛进行的两次入侵，让后来的罗马帝国皇帝们开始关注这个欧洲西陲的岛屿。不过由于国内外的形势不允许,加上不列颠人对天朝还算恭敬,罗马帝国一直没对不列颠下手。

直到1世纪40年代,不列颠发生了内斗,罗马在不列颠的一家本土代理被另一家代理打败,而获胜的一方居然不想成为天朝的总代,打算自立门户。

罗马终于等到了这个百年不遇的大好机会,多年未曾扩张的帝国将它的刀锋砍向了不列颠岛。

43年,罗马皇帝克劳狄(Claudius,一个娶了自己的侄女并最终被她毒死的乱伦的家伙)御驾亲征不列颠岛。这次罗马的先锋军队知道皇帝要来,着实很给力,很快便横扫不列颠的东南部。克劳狄登上不列颠岛后,直接就参加了十一个不列颠部落的受降仪式。

此后的几年,罗马人稳扎稳打,步步为营。很明显,这次他们来的目的不是抢东西或者收保护费,而是带有更高的战略眼光和领土诉求。因为很快帝国就在新的占领区成立了一个行省,命名为不列颠尼亚(Britannia)。

罗马人在打仗的同时，还大搞开发建设。他们每打下一块地方，就建造道路、桥梁、要塞和罗马人定居点等基础设施，使得不列颠尼亚的人居环境指数飞速上升。

此后，随着大量罗马军队、贵族、商人和平民的移入，不列颠尼亚逐渐地摘掉了老少边穷的帽子。大量新兴的罗马式城镇在这片滨海开发区的土地上，如雨后春笋般出现，当日繁荣的景象，恐怕就是一千年后由征服者威廉开创的英格兰诺曼王朝都望尘莫及。

直到现在，英国很多地方还保留着大量的罗马建筑遗迹，其中最著名的就是巴斯（Bath）的罗马浴池。这座城市以 bath（洗浴）命名，由此可以想见当时那里有多少罗马大澡堂子了。

说起罗马浴池，那不仅仅是个冲凉除垢的地方，还扮演着社交集会、休闲娱乐和运动健身场所的角色，完全是豪华会所的标准。

到了60年，罗马人已经占领了现今英格兰的大部分地区，并且把触角伸向了不列颠岛西部的威尔士。正当罗马主力军团打得顺风顺水，眼看就要占领整个威尔士时,一个女人的出现彻底打乱了罗马人的战略部署,并将罗马对威尔士的征服推迟了整整十六年。

3. 最后的抵抗

这个让罗马征服大军在不列颠岛上停下脚步的女人，叫布狄卡（Boudica）。她是爱西尼（Iceni）部落的王后。爱西尼大体位于现在英格兰东部的诺福克郡（Norfolk），是很早就归顺罗马帝国的不列颠凯尔特部落之一。

起初，爱西尼和罗马的关系还是不错的。当时罗马人在不列颠尼亚很多地区进行了轰轰烈烈的造城运动，大批原住民的房屋被拆，土地被侵占，用来建造罗马人的定居点。而爱西尼却保持着"爱人治爱"的独立自治，罗马的施工队基本没到那地方强拆过。

可是到了 61 年，事情发生了变化。爱西尼的国王，也就是布狄卡的老公，普拉苏塔古斯（Prasutagus）重病在身，眼见就不行了。为了保证自己死后老婆孩子有口饭吃，普国王打算以退为进。

他立了一份遗嘱，死后将爱西尼的一半领土奉献给当时的罗马皇帝尼禄（Nero），而另一半则留给布狄卡和他们的两个女儿。

普国王的打算虽然不错，不过罗马官员可比他想象的要贪婪得多。对他们来说，普国王的遗嘱就是一张废纸。普国王刚死，布狄卡和女儿的继承权就被剥夺了，整个爱西尼全部被罗马占领。不仅如此，罗马金融业的放贷人还突然宣布收回所有给爱西尼人的贷款。

这就相当于没收了你的房子，还逼你还房贷。简直没法让人活了！

不过对于布狄卡来说，这只是噩梦的开始。当她带着两个女儿去找罗马官员辩理时，真正的悲剧发生了。

罗马人不问青红皂白，抓起布狄卡就是一顿鞭子。更狠毒的是，他们还强奸了布狄卡的两个女儿。

王位被剥夺，土地被没收，贷款被催还，自己被毒打，幼女被强奸，对布狄卡来说，怎一个惨字了得。

作为一位慈爱的母亲,一位受人尊敬的王后,布狄卡这次真的出离愤怒了。她决定抗争,但是她不会诉诸法律,因为她知道,罗马的法律根本不可能站在她这边,她对这个殖民者,已经从充分信任合作,转变为彻底失望和憎恨了。

她选择了更加激烈的形式——造反。

同年,布狄卡召集了爱西尼和周围几个部落十余万部众,向天朝罗马开战。

起义军很快就向罗马人定居点科尔切斯特(Colchester,当时凯尔特语的名称是Camulodunum)发起了进攻。这里原本是最早投靠罗马的特里诺文特部的首都,后来被改造成罗马式城镇,用来安置罗马退伍老兵。

这里先简单介绍一下罗马的军制。罗马的正规军由军团组成,一般一个军团的正规士兵有五千人左右,主要是步兵,还有少数骑兵。正规军的士兵必须有罗马公民身份。这些士兵相当于有编制的正式工,都是经过严格选拔和训练的职业军人,所以是带薪服役的,而且薪酬不低。

除正式兵外，每个罗马军团还有大致等量的辅助作战人员，这些人一般是罗马殖民地的居民，不是罗马的正式公民，待遇也比较低，薪水基本在正式兵的三分之一左右，算是编外的合同工。不过他们在完成役期后，可以获得公民身份，这倒有点儿像现在美国军队的做法。

要说这罗马公民的正式户口在当时还是非常吸引人的，除了能拥有选举权和被选举权，最关键的是可以免除一部分税务和徭役，而且除非叛国，罗马公民是不能被判处死刑的。所以说每个罗马公民都相当于拥有免死金牌。

一般情况下，罗马正规军士兵的服役期最少要25年，退役以后，他们可以一次性地拿到一笔超过十年薪水的补贴或等值的土地。由于服役期间不允许结婚，很多士兵到了退伍的时候，已经成了心理阴暗的老兵油子兼老光棍了。

在科尔切斯特的那帮退伍老兵尤其如此，都退下来了，不知道好好地享受余生，反倒对当地的不列颠人作威作福，还逼着不列颠人为罗马死去的皇帝出钱。

等布狄卡的起义军一到,和不列颠人里应外合,科尔切斯特很快就被攻陷了。城破后,新仇旧恨一块儿算,罗马人被杀了个精光。最后起义军将科尔切斯特这座被改造的罗马式城市夷为平地。

此时离科尔切斯特最近的政府军是罗马第九军团。这支部队又称为西班牙军团,于公元前65年组建于西班牙,是一支有着一百多年军史的老牌劲旅,拥有许多"英雄"作战部队。

这支军团南征北战,战功赫赫,曾经参加过多次由罗马皇帝亲自指挥的战役,为罗马帝国的建立和扩张立下过汗马功劳。

所以当第九军团长听说有人造反后,根本就没把起义军当回事,认为他们不过是一群乌合之众,等大军一到,自然会土崩瓦解。于是他下令全军主动出击迎敌,力争一举夺回科尔切斯特。不过很快他就会为轻敌付出沉重的代价。

而这边不列颠起义军几乎每个人都苦大仇深,土地和家园被夺走了,还被逼着还债,他们对罗马人恨之入骨,士气高涨,作战非常勇敢。

所以当轻敌的罗马第九军团和数倍于自己,而且还人人玩儿命的起义军一交手,其结果便可想而知了。除军团长和少数骑兵侥幸逃跑之外,整个第九军团几乎被全歼。像这样整建制的军团被吃掉,在罗马帝国的扩张史上都是罕见的。

很快,第九军团几乎全军覆灭的消息就传到了罗马驻不列颠尼亚总督苏埃托尼乌斯(Suetonius)那里。

此时,苏总督正带着军队在威尔士远征。得知这个消息后,他没有耽搁,星夜火速赶回了不列颠尼亚行省的首府——伦敦。确切地说,此时的伦敦应该叫伦蒂尼恩(Londinium,是伦敦一词的拉丁语发音)。

伦蒂尼恩位于泰晤士河入海口附近。43年,罗马人在原来不列颠人定居点的基础上,将这里改造成了罗马式城镇。

由于其得天独厚的地理位置,和地方政府在政策上的倾斜性支持,不到二十年的时间,伦蒂尼恩就发展成不列颠尼亚行省内首屈一指的商贸中心,和对帝国其他地区贸易的窗口性城市。

回到伦蒂尼恩后,苏埃托尼乌斯发现自己面临的形势非常严峻。不列颠起义军正携歼灭罗马第九军团之势，气势汹汹地向伦蒂尼恩杀来，而他此时身边几无可用之兵。

在分析了敌我力量对比和当前形势后，苏埃托尼乌斯果断地做出了一个决定——撤退。

做出这样的决定并不是因为苏总督胆小，而是他实在没有别的办法。为了最终的胜利，他打算放弃伦蒂尼恩。

而后来的事实证明他是对的，但代价巨大。

当全员撤退的命令下达后，苏总督遇到了空前的阻力。阻力主要来自伦蒂尼恩的居民。随着经济的发展，这里已经居住着大量的商旅，以及随之而来的各色人等，人口已五六万。

对军队来说，撤退很容易，拔营起寨，说走就能走。可是老百姓拖家带口，有房屋、土地等不动产羁绊，自然故土难离。

可是无论民众如何乞求，如何请愿，苏总督还是毅然决然地走了。显然，苏总督没有刘备那种可以让全新野的人跟他一起逃难的魅力，相当一部分不愿走，或走不了的老弱留了下来,而他们不知道劫难马上就要降临了。

罗马军队走后不久,起义军便攻陷了伦蒂尼恩。面对手无寸铁的居民,布狄卡毫不犹豫地下达了屠城的命令。全城没有逃走的三万居民与伦蒂尼恩一起被不列颠人送进了地狱。

那一天的天空被大火映红,大地被鲜血染赤。在罗马人无助的乞求和痛苦的哀号中,布狄卡心中的愤怒和痛苦得到了一丝宣泄和补偿。只有让罗马人承受更大的痛苦,才能略略抚慰她那颗受伤的心。

日后罗马人重建了伦蒂尼恩,不过要再用四十年的光阴,它才恢复往日的繁荣。

攻下伦蒂尼恩后,起义军又攻占并摧毁了另一座重镇,维鲁拉米恩 [Verulamium,大致在现在英格兰的圣奥尔本斯(St Albans)附近],至此,包括伦蒂尼恩在内,总共有三座罗马城镇被起义军夷为平地,大约 8 万平民被杀,其中当然也包括许多已经归化罗马的不列颠人。

近代的考古挖掘也找到了这三座被毁的罗马城镇

的遗址，配合大量出土的文物，可以证实屠城的真实性。纵观古今中外的冷兵器时代，屠城的惨剧屡见不鲜，而且不得不承认的是，无论是摧毁敌方的抵抗意志还是单纯的震慑，屠城往往是行之有效的。

比如这次屠城，就将远在罗马的帝国皇帝尼禄给震"傻"了。要不是随后发生的事情，尼禄很可能会下令全面从不列颠尼亚撤军。

就在起义军将疯狂的报复进行得如火如荼时，苏埃托尼乌斯一直冷眼旁观。他看着自己的同胞被杀戮，亲手建设的城镇被毁灭，并没有伸出援助之手。但是他也并没有远走。

作为一名冷酷的职业军人和指挥官，他要做的不是救援，因为他知道去了也是送死。现在最关键的，就是想尽一切办法，尽快集结在不列颠尼亚的罗马驻军。

在1世纪中期，罗马帝国的面积大约有420万平方公里。当时，整个罗马帝国的正规军大约有30个军团，分布在广阔的欧亚非大陆上，其中就有四个军团被部署在不列颠尼亚。

按照单位面积上的士兵数，不列颠尼亚的驻军绝对大大超过了平均数。但是即便算上辅助的外籍部队，四个军团的兵力也就在四万人左右。

这四个军团分别是第二、第九、第十四和第二十军团。其中第九军团已经全军覆没，可以忽略不计了，所以苏埃托尼乌斯在最理想的情况下，能调动的最多也就三万人。当然最理想的情况一般是不可能发生的。

首先，此时西线的战事也很紧张，第二十军团的主力正在西部对付威尔士人，无法赶来会合，只是派出了一部分辅助部队，给总督大人捧场。

第二十军团不能来也就罢了，真正让苏埃托尼乌斯恼火的是第二军团。论实力，第二军团堪称罗马军队主力王牌之一，比第九军团还要彪悍。可第二军团的代理军团长可能被第九军团覆灭的消息吓坏了，在接到总督的命令后，居然拒绝出兵。这位仁兄后来也因此行为而畏罪自杀了，这自然是后话。

总之，苏埃托尼乌斯费了九牛二虎之力，最后才凑了一万多人。其中的主力还是由他亲自担任军团长的第十四军团构成，外加所有他能召集到的辅助部队。

而此时的起义军，据罗马史料，已经发展到了二十三万之众——虽然这个数字不免有些夸大，而且不可能所有人都属于作战部队，但即便是这样，起义军里的青壮年和能打的人肯定也远超罗马人了。

虽然人数对比相差悬殊，但是苏埃托尼乌斯还是决定不再撤退了，他要与布狄卡决战。因为他正承受着各方的巨大压力，给他的时间已经不多了，如果继续任由起义军发展壮大，杀戮罗马居民，那么他被追究责任，撤职查办的日子也就不远了。

而且更重要的是，他已经选好了一个绝佳的地方，他相信在这里自己能够击败布狄卡。

而刚刚攻陷维鲁拉米恩不久的布狄卡并不知道，苏埃托尼乌斯正在那个离她不远的命运之地等待她的到来。

这个决定着布狄卡和起义军乃至整个不列颠尼亚以后数百年命运的地方到底在哪里，现在已经不可考了。我们只知道应该在惠特灵大道（Watling Street）附近，所以这场决战史称惠特灵大道战役（Battle of Watling Street）。

惠特灵大道相当于罗马在不列颠尼亚的一级国道，从现今的坎特伯雷一直延伸到圣奥尔本斯，全长444公里。而苏埃托尼乌斯选择的地方应该离圣奥尔本斯不太远。

决战当天，苏埃托尼乌斯将军队部署在一个背靠森林，面向开阔平原的狭窄谷地。他的第十四军团以密集队形摆在正面，持轻装备的辅助部队置于两侧，骑兵则布置在两翼。

谷地的地势正好可以保护罗马军队的两翼，森林则可以缓解任何可能来自后方的偷袭。而狭窄的正面削弱了敌方人数上的优势，广阔的平原一览无余，更使得对方不可能隐藏任何伏兵。

当罗马军队严阵以待，布置妥当后，布狄卡的大军终于到了。

比起罗马军队，起义军虽然装备很差——基本是菜刀、擀面杖都用上了，但布狄卡似乎要轻松许多。毕竟不列颠人在人数上有绝对优势，而且到目前为止，罗马人所有的抵抗都在他们人民战争的汪洋大海里灰飞烟灭了。因此她有理由、有信心相信，面前的第十四军团和此前被歼灭的第九军团没有任何区别。

于是布狄卡做了一个让起义军付出惨重代价的决定,这个决定甚至是致命的。

布阵结束后,她将所有的辎重马车队放在战场的后方,摆成了一个月牙形。这样随军的家属就可以站在马车上,像观看一场毫无悬念的比赛一样,欣赏自己的亲人是如何将罗马人斩杀殆尽,再次取得一次压倒性胜利的。

布狄卡不知道,一百多年前,有两位日耳曼人部落首领,摆出过和她现在一模一样的阵形去和罗马人对战,结果无不惨败。——看来不懂历史,真的是会害死人的。

在大战之前,按照惯例,双方的指挥官都要在自己的士兵面前做演讲,算是战前动员,激励士气。

布狄卡的台词是这样的:"现在站在你们面前的不是一位流着高贵血统的女王,而是为了被剥夺的自由,为了被鞭挞的躯体,为了被蹂躏的女儿们的贞洁而复仇的所有人中的一个!罗马人贪得无厌,使我们每一个人,无论是垂暮老朽还是童真无邪,都无法逃过他们的魔掌，但是上天是站在我们这正义复仇的一方的！曾经有一个罗马军团胆敢向我们发起挑战，结果全军覆没了。剩下的罗马人不是做了缩头乌龟不敢出来，就是惴惴不安地面对这场战争。今日一战，对于你们所有的男人来说，要么胜利自由地活着，要么失败而任人奴役。而作为一个女人，我的选择是非胜即死！"

布狄卡的演讲让每一个凯尔特人热血沸腾，他们欢呼着，呐喊着，鼓噪着，恨不得马上冲过去把罗马人碾碎。

而这边苏总督的演讲就比较直白了："弟兄们，别理会对面那群野蛮人的瞎吵吵，他们的队伍里娘儿们比爷们儿还多。拿着烧火棍也敢来打仗，他们根本就不能算是兵！我们过去曾经击败他们那么多回，当他们看到我们高精尖的武器，感受到我们高大上的斗志时，他们就都尿了！保持好你们的阵形，投出你们的标枪，然后给老子一个冲锋，用盾牌把这帮杂碎撞倒，再用剑扎他们个透心凉。最后都给老子听好了，谁要是因为急着去抢战利品，放跑一个敌人，可别怪老子手黑。打胜了这仗，所有的都归你们！"

两边的演讲再怎么精彩，也不是光动动嘴就行的，还是得真刀真枪地干。于是布狄卡首先行动了。

她带领军队跨过宽阔的平原，开始进入谷地，罗马人的地利就开始显现了。在狭窄的作战面里，不列颠人不得不紧紧地挤在一起前进，根本就谈不上有任何阵形，那场面就像上班族在早晚高峰涌向地铁口。

当起义军前进到距离罗马密集阵形不到40米的地方时，苏埃托尼乌斯终于下令了。罗马士兵就像运动场上听到裁判员号令的运动员一样，一齐将手中的特殊武器扔了出去。

这种武器不在十八般兵器之列，却是现代田径比赛的必备器材。它就是标枪。而且罗马人用的标枪更为特别，史称罗马重标枪。

这种标枪的长度大约2米，直径7厘米。有一个坚硬的菱形尖头，枪身的前部是铁杆，后部是木制的握杆。它的一个特殊设计在于，铁杆是由软铁制成，受到冲击力后会弯曲。

所以这种标枪基本是一次性的，只要掷出去，无论扎在哪儿，都会变弯，无法再次使用，一点儿都不环保。但这样的设计使得敌人根本不可能把它捡起来丢回。这也难为罗马人了，想得如此周到，不过更周到的还在后面。

与现代标枪相比，罗马重标枪的这个"重"字实在是当之无愧。现代田径赛事中用的标枪，男版的800克，女版的600克，而罗马重标枪的重量则在2000—5000克之间。

当前投掷标枪的世界纪录大致在104米，而罗马重标枪的射程就更近了，也就30米左右。所以罗马人的一阵标枪雨并没有对不列颠人造成多大伤害。毕竟，即便不列颠人的装备再差，一面木制的盾牌还是配得起的，实在没有还可以用锅盖嘛！

但很快不列颠人就发现一个严重的问题，他们的盾牌或锅盖和敌人的标枪一样也变成一次性的了。当标枪击中盾牌时，由于自身的重量，标枪深深地插入盾牌，而且还弯折成L形。弯曲的铁杆加上菱形的枪尖，不列颠人一时半会儿是不可能把标枪从盾牌上拔下来的，况且对方也不可能给他们这样的时间。

然而他们又不能用盾牌顶着一支七八斤重，2米长，而且还是拐着弯的标枪前进。想来想去，不列颠人最后不得不丢掉手里的盾牌，继续向前冲。

对了，之前忘了说明一点，每个罗马士兵标配的重标枪数量是两支！

当看到不列颠人几乎是没盔甲没盾牌地"裸奔"着冲过来时，罗马人笑了，随后取出他们的第二支标枪。

很快第二轮标枪雨就落到了没有任何防护的不列颠人身上。由于谷地里挤满了不列颠人，就算罗马人闭着眼睛，只要使劲儿把标枪扔出去，至少也能击中一个目标。这第二轮5000支标枪投出去，那杀伤力可想而知。

至此，不列颠人有组织的进攻彻底被打乱，起义军陷入了混乱之中。现在终于轮到罗马人进攻了。

苏埃托尼乌斯下令全体步兵以楔形阵全线出击。楔形阵是罗马步兵经典的进攻阵形，该阵形如一个巨大的三角，顶角通常为一名百夫长，后面的士兵则用罗马人特有的近一人高的大盾牌，保护前面战友的侧后方。

罗马楔形阵的大箭头很快就将起义军队伍撕开了一个口子，随着后面越来越多的罗马士兵推进，口子的切面越来越大。此时罗马人的另一件致命武器派上了用场，那就是罗马短剑。

这种短剑只有三四十厘米长，主要用于刺击和砍削，是为了罗马军团的密集阵形量身定做的。在密集阵形中，每个罗马士兵用高大的盾牌防护全身，没有多大的回旋空间，所以形似大号匕首的短剑最合适不过。

然而在这样人挤人的近战中，不列颠人使用的长剑根本无法有效地发挥作用。当他们的身体被罗马人的盾牌顶住的同时，罗马的短剑就从盾牌的缝隙间捅了出去。这招听上去有点儿阴险，但确实很管用。

于是罗马步兵只用了三个简单的步骤：先投标枪，再用盾牌顶，最后用短剑突刺，就把不列颠人打得落花流水。虽然这完全是对苏埃托尼乌斯战前动员指示按部就班的执行，但更关键的是，这三步走本身就是罗马军团的典型战术，每个罗马士兵平时都演练了不知多少回。

虽然其中并没有蕴含什么高深的韬略，可配以罗马士兵良好的武器装备和严明的战场纪律，这种看似简单机械的战术，在古罗马两军对阵的实战中却屡试不爽。

就在罗马步兵打得起劲儿时，罗马骑兵也从两翼加入了战场，确切地说，现在已经不是两军对战的战场，而是罗马人单方面对不列颠人的屠杀。

不过最终让不列颠人真正绝望的是，当他们转身想逃跑时，突然发现自己在战场后面摆的那个半圆形的马车看台，已经将后路彻底堵死了。于是，前方被屠杀，后方踩踏事件不幸地发生了。

坐在马车上的不列颠军属确实如期看到了一场屠戮，不过被屠戮的不是罗马人，而是自己的亲人，也包括他们自己。

此时罗马人完全杀红了眼，无论不列颠的战士、妇女、老人、孩子，甚至是拉车的牲畜，只要是有腿的，就算桌子、椅子也要砍上一刀。说起来，罗马人这么做多少也算是对不列颠人屠城的报复吧。

当一抹残阳洒在被鲜血染红的谷地和平原时，侥幸逃脱的不列颠人回望这片土地，热泪盈眶。他们将永世铭记，因为不仅他们的亲人等同胞，连同他们的自由和尊严，都永远地长眠于此了。

据后来的罗马史学家塔西佗（Tacitus）记载，惠特灵大道之战，8万不列颠人被杀，而罗马军队仅损失400人。虽然现代史学界普遍认为这个数据有掺水夸大之嫌，但不可否认的是，经此一役，不列颠起义军不能说全军覆没，也基本已经土崩瓦解了。很快，叛乱平息。

至于布狄卡，她的结局有着不同的版本。塔西佗说她战败后不愿被俘，愤然服毒自杀，而另一个史学家狄奥（Dio）的书里则说布狄卡是生病自然死亡，人们还为她举行了一场隆重的高规格葬礼。

还有一种谣传非常有意思，说是布狄卡死后被埋葬的地方，就在现今伦敦国王十字火车站（King's Cross）的9号和10号站台之间。这个地方对于哈利·波特迷来说，是不是很亲切呀？

没错，这就是哈利·波特同学上学的必经之路。

每到开学，他和他的小伙伴都要穿过9号和10号站台之间的分隔砖墙，从 9¾ 站台搭乘开往霍格沃茨的魔法快车。不知道哈利·波特是否清楚他的霍格沃茨之旅是以布狄卡的坟墓为起点的。（强烈建议 J.K. 罗琳在小说里追加布狄卡鬼魂的情节。）

虽然由布狄卡领导的不列颠民族起义以失败告终，但是英国人并没有忘记她。文艺复兴以后，布狄卡的故事逐渐成为文学作品里的热门话题，她常常被描述为不列颠的民族英雄。

到了 1902 年，人们在伦敦威斯敏斯特桥（Westminster Bridge）的桥头立起一尊巨大的布狄卡和她的女儿们驾驶双轮战车的铜像。如果你去伦敦旅游，威斯敏斯特宫（即英国国会大楼）则是必去的景点，就算不进去，也是要在外面留影纪念的，而布狄卡的雕像就正对着威斯敏斯特宫。

2002 年，英国广播公司（BBC）举办了一次票选"100 名最伟大的英国人"的活动，布狄卡名列第 35 位，远高于很多英国历史上的名王，包括娶过六位王后的亨利八世（第 40 位）和在英法百年战争中大败法国的亨利五世（第 72 位），可见布狄卡在现代英国人心目中的地位之高。

然而另一位因电影《勇敢的心》而家喻户晓的苏格兰民族英雄却只排到了第48位,这位仁兄叫威廉·华莱士。

4. 鲁逊来了

布狄卡的起义被镇压后，罗马人继续向西和向北扩张。到了 2 世纪上半叶，整个现今的英格兰，绝大部分威尔士以及小半个苏格兰地区都已经纳入了罗马帝国的版图。

不过后来由于种种原因，罗马的侵略步伐停止于卡里多尼亚（Caledonia，罗马人对苏格兰的称呼）。罗马人先后于 122 年和 142 年在英格兰北部和苏格兰南部建造了两条贯穿不列颠岛的长城，并以当时的罗马皇帝命名，分别叫哈德良长城（Hadrian's Wall）和安东尼长城（Antonine's Wall），从此罗马在不列颠转攻为守。

这两条罗马长城的作用有点儿像中国古代为防御北方少数民族而修建的长城，主要用来对付苏格兰境内皮克特人（Pict）的南下骚扰和对罗马人定居点的侵袭。

不过比起我们伟大的万里长城，哈德良长城才区区120公里长，安东尼长城就更短了，才63公里，而且高都不过五六米，简直是我们中国长城的微缩版。秦始皇当年筑长城的时候，一定想不到，几百年后在遥远的西方有罗马皇帝模仿他的"行为艺术"。

罗马人对不列颠岛的入侵，在客观上帮助不列颠岛实现现代化的同时，也带来了文化和民族上的融合，形成了新的罗马-不列颠人。而退守苏格兰和威尔士山区的凯尔特人却相对保留了更多的本民族文化，成为现今苏格兰人和威尔士人的祖先。

在罗马人建了两条长城后的两百多年里，虽然不列颠尼亚境内各种小规模的叛乱不断，北方苏格兰的皮克特人和盖尔人（Gael）也时不时地翻过墙来搞破坏，但不列颠尼亚基本还是罗马帝国的一个不可分割的行省。

直到5世纪初前后，事情发生了变化。

首先是罗马帝国在395年正式永久性地解体为东

西两个帝国。此后,控制着不列颠尼亚的西罗马帝国的国运每况愈下。在408年以后的短短三年时间里,日耳曼蛮族部落的一支西哥特人(Visigoths)长驱直下,多次围攻罗马城,最终在410年攻破了这座千年古城,大肆劫掠而去。

而此时罗马在不列颠尼亚的统治,更是不容乐观。由于蛮族的入侵,不列颠岛和远在亚平宁半岛的西罗马帝国本土已经被完全隔离开。而被拖欠工资的士兵们还常常拥立驻守的将军为王,不断发动叛乱。

到了410年,罗马帝国已经彻底管不了西边的这片飞地了。当不列颠尼亚的罗马子民直接向时任西罗马帝国的皇帝霍诺留(Honorius)写信求助后,霍诺留居然回信了。可是当人们满怀激动地拆开这封来自首都的信,拜读了伟大领袖的最高指示后,所有的人都变得万分沮丧。

信的大致内容是这样的:"亲爱的臣民们,现在帝国的现状基本就是爹死娘嫁人,各人顾各人,你们就别指望朕了。朕相信你们能够自力更生、艰苦奋斗地打垮一切叛军和蛮族的入侵,让侵略者在人民战争的汪洋大海里灰飞烟灭。最后朕给予你们精神上百分之一万的支持和鼓励！"很明显，这位皇帝的意思就是让不列颠的罗马人自生自灭。

虽然此后不久，不列颠的叛军们最终在内忧外患下土崩瓦解，但是，随着最后两个罗马军团的撤离，在几十万平方公里的不列颠尼亚土地上，再没有罗马正规军队。此时的不列颠尼亚完全进入了无政府状态的后罗马时代。

势力真空的局面诱惑着周边的皮克特人、盖尔人和爱尔兰人前来袭击不列颠尼亚。于是，各地的实力派人物开始成立保安团之类的地方武装，用以保境安民，许多大大小小的地主军阀逐渐应运而生。

其中最大的一个军阀叫沃提根（Vortigern），他本来正在发愁自己的保安团不能抵挡皮克特人的骚扰，偏巧这时，从日德兰半岛和下萨克森（Lower Saxony，在今天的德国境内）地方来了不少外来移民。

当时那些地方绝对算是老少边穷地区，而且气候寒冷，还时不时发大水。土地不够种，粮食也不够吃。人们没办法只好背井离乡出去找饭，有时只是一家一户单独行动，有时则整个村子的人由村长带领一起南下，整个就是欧洲版的闯关东和走西口。

这些移民主要来自三个部落：盎格鲁（Angle）、撒克逊（Saxon）和朱特（Jute）。其中盎格鲁人更是拖家带口，整个部落都搬到了现在的英格兰地区。

这三个语言相近，同根同种的日耳曼民族成为后世英格兰人的祖先，而他们说的语言后来演变成古英语。在历史上，这些种族被统称为盎格鲁-撒克逊人。

以前我们讲过，维京人是顺着北海的洋流乘船直下英国的。其实早在4、5世纪，盎格鲁-撒克逊人就已经坐船来不列颠岛混饭吃了。

此时的不列颠在罗马政府军撤走后，各地区各自为政，没有海关，没有边检，根本无法限制外来移民。好在开始时盎格鲁-撒克逊人还算老实。大部分人找片儿无主之地就安家耕种，也没给当地人添多大麻烦。毕竟背井离乡，多一事不如少一事。

沃提根看到一下子来了这么多廉价劳动力，马上就想到了以夷制夷的主意。于是他用很低廉的价格和一小部分土地雇用这些外来户，让他们去抵抗皮克特人和爱尔兰人。

盎格鲁-撒克逊人来到罗马化的不列颠，好似乡下人进城。既然这里有大量的用工需求，而且薪水比家乡高，自然吸引越来越多的盎格鲁-撒克逊人不断涌入，就像今天东欧人跑到西欧国家找工作一样。（现在的英国人总是抱怨东欧的移民抢了他们的饭碗，占了他们的福利，估计他们都忘了自己的祖宗也是从东边来的外来户。）

开始的一些年，雇主沃提根和他的雇工们还算相安无事，没有发生什么劳资纠纷和用工矛盾。可是当大批盎格鲁-撒克逊人真正在不列颠安家落户，开始买房置地，娶妻生子的时候，他们对物质生活的要求也已经提高了。

然而他们却发现周围什么都在涨价，就是自己卖命的那点儿军饷不涨，而且有的时候还被沃提根克扣。

到了446年，一帮撒克逊人终于觉醒，认识到自己被剥削，被欺骗了，于是去找老板沃提根讨公道。要知道，这帮从中欧、北欧过来的粗胳膊大腿的家伙不是好惹的，他们可不会用和平文明的方式来维护自己的权益，或者用上吊、喝药、跳楼去威胁。

可是沃提根的一个儿子不知好歹地带了一伙人去弹压示威群众，结果两边没说拢，打了起来。沃提根儿子的脑袋当场被打开了花。沃提根一见不好，一口气跑到了威尔士北部躲了起来。

盎格鲁-撒克逊人没找到老板，自然也没要到工资，恼羞成怒，开始疯狂抢劫。讨薪事件升级为打砸抢，并迅速蔓延开来。

面对强悍的盎格鲁-撒克逊人，已经在罗马文明下变得虚弱的不列颠人根本不是对手。而对于盎格鲁-撒克逊人来说，不列颠宛如一个由病人看守的巨大宝藏。

在随后的一百多年里，不列颠人同盎格鲁-撒克逊人之间，展开了一系列的战争，不列颠人最终战败。到6世纪末，现今的英格兰地区基本被外来的少数族裔占领了。

一部分不列颠人幸存者撤退到威尔士，在那里的山区接着打游击。此后几百年，不列颠岛上的外来户和威尔士的土著之间战事不断，直到13世纪末，威尔士才被完全征服，而这名征服者同时也是苏格兰民族英雄威廉·华莱士的死敌。

还有一部分不列颠人则向南，远渡到现今法国西北部的布列塔尼（Brittany）半岛。直至今日，当地人还在使用一种属于凯尔特语族的布列塔尼语（Breton），这种语言非常接近于现在的威尔士语。而这一地区至今还被称作小不列颠（Little Britain）。

由于战乱、逃难和暴发于6世纪中叶的查士丁尼大瘟疫，不列颠尼亚人口急速下降，比罗马鼎盛时期减少了150万到300万人。

所以从5世纪以后的几百年，在英国的历史上被称为黑暗时代（Dark Age）。史学家称那是个连上帝和天使都在沉睡的年代。这一时期倒有点儿像中国五胡入华的情景，而且时间上也不过相差一百年。

虽然盎格鲁-撒克逊人鸠占鹊巢，最终将不列颠人赶出了不列颠岛的东部和南部地区，但是近代的考古挖掘发现，在6世纪早期，盘踞在现今英格兰南部地区的撒克逊人曾经遭受过一次近乎毁灭性的打击，而不得不大规模地撤退。因此有些历史学家认为，是一个传奇式的英雄人物领导不列颠的凯尔特人击败了撒克逊人的入侵。

而这位传奇人物——确切地说应该是传说人物，就是我们下一节的主人公。这位仁兄在前面提到的"100名最伟大的英国人"里，排在第51位，而且他拥有一个在世界范围内几乎家喻户晓的名字——亚瑟王（King Arthur）。

可能有的朋友会问，为什么亚瑟王这么赫赫有名的大人物没能进"最伟大的英国人"前50？答案就是亚瑟王只是个传说。

5. 亚瑟王，只是个传说

亚瑟王是位很有争议的人物，争议之处倒不是在于他做对或者做错了什么，而在于他这个人，甚至是他这个形象的原型人物到底是否存在。

在探讨亚瑟王的真实性之前，先让我花点儿时间介绍一下这位传奇人物和他丰富多彩的一生。

亚瑟王的大致情况如下：

生卒年：不详，据说活跃于5世纪末6世纪初。

姓名：亚瑟·潘德拉刚（Arthur Pendragon）。虽然这个名字也存在争议，但这是后世最流行的亚瑟王的全名。

职业：不列颠岛上凯尔特人国王

统治地区：大约在现今英格兰的西部及威尔士地区

王城：卡美洛（Camelot）

主要功绩：对盎格鲁-撒克逊人十二战全胜，将异族对不列颠的征服推迟了50年。

配偶：桂妮薇儿（Guinevere）

部下：最有名的是大魔法师梅林（Merlin）和英勇的圆桌骑士兰斯洛特（Lancelot）

其实亚瑟王的故事之所以直到现在还被人津津乐道，不仅仅是因为他的丰功伟绩，更因为他的传奇里充满了魔幻、浪漫、乱情和骑士道等各种色彩，完全是各种文学题材的大染缸。

首先，他的出生就不太名正言顺。亚瑟王的父亲叫尤瑟·潘德拉刚（Uther Pendragon）。其实 Pendragon 并不是一个真正的姓氏，在威尔士语里，大致就是龙头老大的意思，是专门给有权势的大干部的头衔，相当于大汗什么的。

据说尤瑟·潘德拉刚也是一位不列颠国王，还是圆桌骑士制度的创始人，史称尤瑟王。所以亚瑟王可以说是王二代，不过他这个王二代的身份来得不太光彩。

事情是这样的,在一次战胜撒克逊人的庆功宴上,尤瑟王遇到了手下康沃尔公爵格洛斯(Gorlois)的妻子伊格兰(Igraine),当即被她的美貌所倾倒,产生了非分之想。然而格洛斯并不是那种可以牺牲老婆去讨好上司的人。

后果可想而知,昔日的战友为了一个女人成为死敌。尤瑟王首先带兵进攻格洛斯的领地。

为了保护伊格兰,格洛斯将其安置在大后方的廷塔哲(Tintagel)城堡,自己则在前面挡住尤瑟王。不幸的是,格洛斯很快被打败,并且被尤瑟王的大军团团围住,困守孤城。

本来格洛斯领地覆灭只是时间问题,可是尤瑟王实在是欲火难耐,等不下去。尤瑟王找到一个人,让他帮助自己扮成格洛斯的模样,悄悄前往廷塔哲,以便能尽快和伊格兰亲密接触。

虽然这个做法听上去很荒唐——因为伊格兰不可能傻到连自己的丈夫都认不出来,可是尤瑟王找的这个人是一位"半仙"级别的大魔法师,名叫梅林。对梅林来讲,别说把一个人变成另一个人,就算是把一条狗变成人，都不是难事。

传说这位梅大师是一位公主被一只梦魇入梦交合后所生，算是半人半魔。因此他从小就拥有超凡的智慧和力量。

话说当年沃提根想修一座堡垒，可总是修不好，每次在接近完工时，堡垒都会毫无征兆地倒塌。沃提根认真地监督了整个建造过程，可以肯定，绝对不是包工头偷工减料或者人为破坏造成的。

于是，百思不得其解的沃提根前去请教一位智者。那位智者告诉沃提根，必须找到一个生来就没有父亲的男孩，把他杀掉后，堡垒才能顺利完工。

沃提根很快就找到了这么一个男孩，当他准备把孩子杀掉祭奠工程时，男孩突然说他知道堡垒倒塌的真正原因——地基下面有一个湖。

沃提根开始不信，可后来还是抱着半信半疑的态度，让人在地基下面接着挖。果然没挖多久就发现一个地下湖。更令人惊奇的是，湖里居然有一红一白两条龙，两条龙正打得不可开交，最终红龙战胜了白龙。

男孩向沃提根解释说，白龙代表撒克逊人，红龙代表不列颠人(威尔士的国旗上就有一条红龙)。红龙打败小白龙,则是在预言不列颠人最终会在一位贤王的英明领导下,打败撒克逊人。

沃提根听后大喜,以为自己就是预言中那个文成武德的伟大领袖,于是重赏了男孩。这个男孩就是梅林。

梅林长大后拜高人为师,习得绝世魔法,尤善变身术,回到"麻瓜世界"准备大显身手。后来他运用魔法和谋略,辅佐尤瑟王和亚瑟王父子两代,打败了盎格鲁-撒克逊人。有传说还称梅林发明了滑轮装置,将巨石从爱尔兰搬运到英格兰,建造了巨石阵。

总之,梅林多才多艺,俨然一个英国版诸葛亮。不过这位神通广大的梅大师最终却栽在了一个女人手里,当然这是后话。

在尤瑟王的再次央求下,梅林答应帮忙,不过他提出了一个条件,就是如果以后伊格兰为尤瑟王生了儿子,要由梅林带走抚养。尤瑟王欣然同意,显然对他来讲,这鸡还没到手,先把蛋许出去的买卖并不亏。

在梅林的帮助下,尤瑟王变身成格洛斯的模样,成功潜入廷塔哲城堡,骗过伊格兰,如愿以偿地与她发生了亲密接触。而伊格兰并不知道,就在她与尤瑟王云来雨去的同一天晚上,自己真正的丈夫格洛斯在远方城破被杀。

失去丈夫的伊格兰居然没有任何为夫报仇的念头,反而嫁给了仇家尤瑟王。把仇人变成亲人,用博大的胸襟把原本应该相互仇恨的两个家庭,变成和睦相处的一个家庭,也是很多欧洲乱世佳人的无奈选择。

那一夜亲密接触还带来了一个副作用,伊格兰怀孕了。不久后她果然生下一个男孩,这就是亚瑟王。

按约定,梅林抱走了小亚瑟,并交由埃克特爵士(Sir Ector)抚养。不久后,尤瑟王就被撒克逊人下毒害死了。

由于小亚瑟出生后,几乎是直接被梅林从产房抱走的,既没登记户口,也没办满月酒,所以几乎没人知道尤瑟王有亚瑟这么一个儿子——也包括亚瑟的养父埃克特本人。

而尤瑟王没有其他子嗣,王位无人继承,于是群雄逐鹿,不列颠再次陷入混乱。最后各路诸侯求教梅林,问到底谁才能成为不列颠的真命天子。

梅林告诉大家，在伦敦西敏寺大教堂前有一块巨石，上面插着一柄剑，石上刻着"只有真正的王者才能将剑从石中拔出"（可惜西敏寺要到500年后才被建造，这里明显穿越了）。

于是天下英雄纷纷赶往伦敦，想从那块石头中把剑拔出来，可是无论使用什么办法，从没有人成功过。慢慢地，这事就被人淡忘了，王者之剑和那块巨石便成为无人问津的摆设。

直到多年以后，一场盛大的比武大会在伦敦举行，全不列颠的高手齐聚伦敦。其中就有埃克特爵士和他的两个儿子凯（Kay）和亚瑟。

当轮到凯下场比武时，突然发现自己的剑找不到了，他的弟弟亚瑟便说："哥，你先用我的剑，我看见教堂外面的巨石上有一把，我去取来用。"

亚瑟并不知道石中剑的来历，想也没想就跑到巨石前，轻松地将剑拔了出来。当他回去把王者之剑拿给父兄看时，埃克特惊呆了。他马上意识到事情的严重性，于是又让亚瑟把剑放进去，再拔出来，试了几次，皆轻而易举。

很快，王者之剑被拔出的消息就传开了，大家都不相信这是一个十几岁的孩子干的，便聚集在巨石前，要求亚瑟表演给大家看。

亚瑟无奈，又演示了几次。其间不少观众不服，也要上前尝试，结果都以失败告终，最后各路豪杰终于相信，眼前的这个少年才是不列颠真正的王者。

于是大家山呼万岁，拥立亚瑟为王。这一年亚瑟十五岁。

此后亚瑟王创建了一支由150人组成的核心团队，每次开全体扩大会议时，所有成员都围坐在一个特制的超大圆桌旁，以示人人平等。这个团队的成员由此被称为圆桌骑士。

其实圆桌骑士的具体人数一直以来都众说纷纭，从13人到1600人不等，150这个数字也只是个较为普遍的说法而已。

有后世作家总结了以下六条著名的圆桌骑士信条：

一、永不暴怒和谋杀。

二、永不背叛。

三、决不残忍，给予请求宽恕者以宽恕。

四、总是给予女士以援助。

五、永不胁迫女士。

六、永不因为爱或言辞之利卷入争吵而战斗。

可惜从后来发生的事情看，很多圆桌骑士，包括亚瑟王本人并没有严格遵守这六则信条，特别是第二条和最后一条。当然他们也为此付出了沉重的代价。

有意思的是，在英格兰古都温彻斯特（Winchester）的老市政厅里，至今还悬挂着一张直径5.5米、重达1200公斤的巨大圆桌。据说这就是当年亚瑟王和他的圆桌骑士开会用的桌子，上面画有亚瑟王的画像，还刻着其他24位圆桌骑士的名字。

由于桌面以圆心为中点，向着边缘呈放射状地被划分成几十个部分，还画有几个同心圆，所以当我第一次见的时候，竟误以为它是个巨型的飞镖盘，差点儿手痒来上一镖。其实，这张大桌子是在13世纪时制作的，离亚瑟王的时代还差着700多年呢，而且在后来的都铎王朝时期，桌面中心还被绘制了王朝的象征都铎玫瑰，多少让人感觉有些不伦不类。

亚瑟王带领这支圆桌骑士梦之队，历经十二战，每战必胜，终于打败了包括盎格鲁-撒克逊人、苏格兰人和皮克特人在内的所有入侵者。最后亚瑟王定都卡美洛，所以他的王朝又叫卡美洛王朝。

有些传奇小说甚至夸张地说，亚瑟王建立了庞大的帝国，征服了包括现今爱尔兰、冰岛、挪威、丹麦、法国和意大利在内的广大欧洲土地（很明显这是英国本土作家的意淫）。

坚持先立业后成家原则的亚瑟王在功成名就后，终于开始考虑个人问题。

一次，亚瑟王帮助另一位国王李奥多格兰斯（King Leodegraunce）击败了入侵者，在他的城堡，亚瑟王第一次遇到了李奥多格兰斯美丽的女儿桂妮薇儿。

自从见到桂妮薇儿，亚瑟王开始辗转反侧，爱情的火种在他心中熊熊燃起。他迫不及待地向李奥多格兰斯提亲，要迎娶桂妮薇儿。

很明显，这是一门门当户对的亲事，没有什么强势的丈母娘蹦出来阻挠，要房子要车——当然即便是要，亚瑟王也给得起。于是女方欣然答应了亚瑟王的求婚。大家都很高兴，很满意，除了一个人。

这个人就是半仙梅林大师。

梅林明确地告诉亚瑟王，他不赞成这门婚事，并且预言桂妮薇儿会给王国带来灾难。虽然亚瑟王平日对这位导师言听计从，但是这次他却任性了，并没有理睬老师的建议。事后证明，梅林的预见是正确的，不过他却没料到自己也会毁在一个女人手里。

亚瑟王和桂妮薇儿如愿举行了隆重的婚礼，婚后两人过着幸福美满的生活。如果不是那个人的出现，他们一定会相濡以沫，白头到老。

那个人就是兰斯洛特。

其实兰斯洛特并不是亚瑟王初创队伍里的一员，他刚投奔亚瑟王的时候，不过是一名叫高文（Gawain）的圆桌骑士的下属，而此时亚瑟王早就击败了盎格鲁-撒克逊人，卡美洛王朝已经过了疯狂扩张的时期。

所以没有人能想到，这位新员工会后来居上，一跃成为圆桌骑士团首席骑士（Chief Knight），并帮助亚瑟王达到事业的巅峰。然而更不会有人想到，这位亚瑟王的头号猛将，将点燃引爆卡美洛王朝倒塌的重磅炸弹的导火索。

兰斯洛特加入亚瑟王麾下后没多久，正赶上王后桂妮薇儿被一伙人绑架到一个岛上，所以他第一个光荣的任务就是救王后。可能是在英雄救美的过程中两人擦出了火花，当兰斯洛特出色地完成了任务，把桂妮薇儿完好无损地送回亚瑟王身边时，却把桂妮薇儿的心留下了。

从此后，兰斯洛特和桂妮薇儿开始了旷日持久的地下恋情。这也要感谢西方宫廷的自由开放，因为无论是宫里的侍从、仆妇，还是宫外的达官贵人，都能非常方便地出入宫闱。

在桂妮薇儿跟兰斯洛特的故事里，还有过这么一段插曲。渔人王（Fisher King）的女儿伊莲（Elaine）也曾经被兰斯洛特搭救，她也同样非常爱慕这位骑士。但是她听说兰斯洛特只爱桂妮薇儿一人（看来这已经不是什么秘密了），为了能接近心目中的男神，伊莲去求助一位巫婆，用魔法暂时将自己变成桂妮薇儿的样子（由此可见，变身术被广泛地应用于欺骗感情上）。

兰斯洛特果然中招，和伊莲温存了一晚。当第二天黎明的曙光穿透窗纱，照亮兰斯洛特身边女人的面庞时，他才发现自己不是和桂妮薇儿，而是跟伊莲发生了一夜情。

于是兰斯洛特愤然离去，不过这场露水情缘却让伊莲受孕，并生下另一位伟大的骑士加拉哈德（Galahad）。如果你是亚瑟迷，一定知道这位据说是最纯洁的骑士加拉哈德，以及他取得圣杯的故事。这里就不叙述这个支线情节了。

在那场误会后不久的一次宫廷宴会上，伊莲再次见到了兰斯洛特，而兰斯洛特却对伊莲视而不见。无法忍受这种我眼里有你，而你眼里却没有我的感受，伊莲决定再次故伎重演，又扮成桂妮薇儿，和兰斯洛特约会。

碰巧的是，这晚真正的桂妮薇儿也去找兰斯洛特，结果正好撞车，"捉奸"在床。桂妮薇儿这位已是人妻的一国之母，见情人背叛自己，变得出离愤怒，劈头盖脸地指责兰斯洛特，并声言以后再也不想见到他。

这回轮到兰斯洛特抓狂了。这位战场上的英雄在被欺骗感情的同时，还被爱人冤枉，夹在两个美女之间，左右不是人。最后兰斯洛特彻底崩溃，居然光着身子，跳出窗户，裸奔跑了。

此后的两年里，兰斯洛特一直处于精神分裂的状态，彻底从人们的视线中消失了。直到有一天，他被发现晕倒在伊莲的花园里。在伊莲的细心照护下，兰斯洛特逐渐恢复了理智。但是他始终对桂妮薇儿情有独钟，最后还是回到了她的身边。

发生这么多事后，兰斯洛特和桂妮薇儿的绯闻不能说是地球人都知道，也应该是公开的秘密了。可是亚瑟王一直不知情，也许是他过于相信自己的老婆和爱将，还是他一直装聋作哑，蒙头当活王八，这就不得而知了。

不过妻子偷情这种事，就算武大郎蒙在鼓里，还有乔郓哥这类人去捅破窗户纸呢。

这次扮演郓哥这个角色的，正是亚瑟王的外甥，另一圆桌骑士团的重要成员莫德雷德（Mordred）。

莫德雷德常年私下里收集兰斯洛特和桂妮薇儿的黑材料，其量之大，其震撼程度之高令人咋舌，不仅能把他俩搞臭，还能把他俩搞死。不过莫德雷德之所以这么做，并不是要为亚瑟王打抱不平，而是他正酝酿着一个更大的阴谋。

当亚瑟王从莫德雷德那里得知一切后，恍如大梦初醒，一时间无法接受自己最爱的人和最信赖的战友对自己的欺骗。

在经过极度痛苦的内心挣扎和无数次揪花瓣问天意后，亚瑟王最终决定惩罚他们。他下令逮捕桂妮薇儿，取消其王后的资格，剥夺其政治权利终身，并判处火刑，立即执行。

对于亚瑟王对王后的判决，在圆桌骑士团内部产生了巨大的分歧，很多骑士既是亚瑟王的忠诚战士，同时也是兰斯洛特的亲密朋友。在道义和友谊的两难选择下，相当一部分人选择了两不相帮，包括兰斯洛特的老上级高文在内。

行刑当天，刑场戒备森严，圆桌骑士团里的很多高手负责警戒，如临大敌。因为他们知道，兰斯洛特一定会来劫法场。

果不其然，兰斯洛特来了。经过一番血战，虽然他没能将桂妮薇儿救走，但是桂妮薇儿的刑期被迫推迟了。在这次英雄救美的行动中，圆桌骑士团里的多个强者死于这位曾经的好兄弟兰斯洛特之手，其中就有高文的两个兄弟和两个儿子。

这彻底导致了高文与兰斯洛特反目成仇，圆桌骑士团也开始土崩瓦解。

在劫法场失败后，兰斯洛特跨越国境线，一口气跑到了法国。经高文的一再要求，亚瑟王决定对兰斯洛特展开"天网"行动，亲自带队去法国，誓将兰斯洛特捉拿归案。

临走前，亚瑟王将国内的一切事务全权委托给外甥莫德雷德。莫德雷德等待已久的机会终于到了。

亚瑟王走后不久，莫德雷德就在国内散布谣言，说亚瑟王在缉拿兰斯洛特的行动中不幸丧生。然后他便以亚瑟王血亲的身份继承了王位。不仅如此，莫德雷德居然还强迫桂妮薇儿嫁给自己。

这基本可以定性为乱伦了，论辈分桂妮薇儿是莫德雷德的舅妈，而且根据某些传奇记载，莫德雷德还是亚瑟王和同母异父的姐姐生下的私生子（这关系听上去很乱吧）。要是这么论，桂妮薇儿就是莫德雷德的继母。

这要是放在中国古代北方游牧部落,还情有可原。可是凯尔特血统的不列颠人似乎从来没有继承先王遗孀的规矩。

至于桂妮薇儿对这个无理要求的反应,则存在着不同的版本。有的说她根本不同意,跑到伦敦塔(London Tower)躲了起来;有的却说她被迫就范;更有甚者,还有部传奇竟然说桂妮薇儿不仅嫁给了莫德雷德,还给他生了两个儿子。

可能有人会问,出了这么大的事,梅林怎么没出来力挽狂澜?因为这位梅半仙在这一系列事件发生前,就已经离开亚瑟王的王庭,护送一位美女回家去了,而且是一去不复返。

事情是这样的,有一次北方诺森比亚国王的女儿尼薇安(Nivian)造访亚瑟王的王庭,定力高深的梅大师,突然情窦初开,对尼薇安一见钟情,并恳惠亚瑟王把她留下,陪伴王后。然后梅林就像一只发情的老公狗,成天缠着尼薇安。

尽管尼薇安并不喜欢梅林,但她并没有断然拒绝梅林的追求，而是对其虚与委蛇，保持着暧昧的关系。因为尼薇安害怕如果惹恼梅林，那么他会给自己下什么恶毒的药或是咒语。

后来尼薇安终于找到一个能够制服这个老色鬼的办法。她对梅林说，除非梅林把平生所学的魔法都教给自己，否则她誓死不会和他相爱。尼薇安的计划是，等她把梅林所有的魔法都学到手后，便用以彼之道，还治彼身的方法对付梅林。

热恋中的男人大多会变成傻子，智商起码会暂时性打对折。老谋深算的梅林就是如此，他并没有识破尼薇安的阴谋，非常痛快地答应了。

尼薇安不久后学成魔法，打算回到诺森比亚，而梅林则坚持要一路护送。

路上，两人在林中一间石屋过夜，石屋内建有一座墓穴。梅林向尼薇安描述，石屋里原本住着一对情侣，二人死后被安葬在这个魔法坟墓里。梅林大力向尼薇安歌颂这对恋人生而同室，死而同穴的爱情，并暗示自己想和尼薇安在这个"浪漫"的地方发生点儿什么。

尼薇安强忍着对梅林死缠烂打的厌恶，先把梅林安抚住。等他入睡后，尼薇安对梅林施了法，并把他关在那座坟墓里。等梅林醒来发现真相后为时已晚，最终被困死在墓里。

虽然亚瑟王并不知道自己的这位亲密战友兼导师没有回来的真正原因，但是他现在实在是不能等梅林回来了。因为此时身在法国的亚瑟王，已经得知莫德雷德造反的消息。他怎么也想不明白，为什么这些自己最亲的爱人、战友和外甥（私生子），会在这么短的时间内，一个个背叛了他。

亚瑟王实在是怒不可遏了，立刻带兵回国平乱。不过祸不单行，在多佛港（Dover）的登陆战中，亚瑟王的得力助手高文身受重伤。在临死前，高文建议亚瑟王召回兰斯洛特，说只有得到他的帮助，才能击败莫德雷德。然后高文用最后的气力，给兰斯洛特写了亲笔信，与他尽弃前嫌，希望他能归队，协助亚瑟王夺回王国。

不久后，莫德雷德又集结了大军，要与亚瑟王决战。在决战前夜，高文给亚瑟王托梦，告诉他兰斯洛特的援军已经在路上，让他尽量拖延时间，等待兰斯洛特到达后再进行决战。

于是第二天亚瑟王向莫德雷德派出使者,要求谈判。而莫德雷德也自感没有必胜的把握,同意了。

谈判开始时,双方还奉行着友好互敬的精神,可是一条蛇的出现彻底将和谈变成了战争。

当时的谈判是露天进行的,偏巧赶上有大雾,能见度非常低。一条出来打酱油的蛇不小心爬到了一位与会骑士的身上。这位仁兄不管三七二十一,拔出佩剑就要斩蛇。

雾很大,谁也没看清他为什么拔剑,对方以为他要袭击自己,而己方以为这是动手的信号。谈判桌上这次意外的亮剑,在当时就相当于宣战了。于是乎两边大打出手,史称卡姆兰之战(Battle of Camlann)。

此战的结果可以说很是无奈,因为双方都失败了。大部分的圆桌骑士在战役中阵亡,其中包括莫德雷德本人,而亚瑟王则身受重伤,不久后也不治身亡。

当然,说亚瑟王就这么死了,也不太严谨。根据很多传奇记载,亚瑟王负伤后,被仙女带到一个叫作阿瓦隆(Avalon)的仙境疗伤,再也没有回到人间——

这和死了也没多大区别。

至于兰斯洛特和桂妮薇儿,他们的结局也很凄惨。虽说他们背叛了亚瑟王,但从来没有谋国篡位的念头,反而非常敬爱亚瑟王。要不是地下恋情曝光,他们很可能会和亚瑟王一直在三角恋中和平共处。

当二人听说亚瑟王死后,都陷入了深深的自责和悔恨。尤其是桂妮薇儿,她认为亚瑟王的死和圆桌骑士团的覆灭完全是自己和兰斯洛特的孽缘造成的。

为了忏悔自己的罪过,桂妮薇儿当了修女。当兰斯洛特去看望她时,她拒绝和这位昔日的情人做最后的吻别,并发誓此生不复相见。

而兰斯洛特则表示,如果桂妮薇儿决定在忏悔中度过余生,那么他也要效仿。不久之后,兰斯洛特和另外几名幸存的圆桌骑士就一起归隐,并最终成了一名牧师。

多年后的一晚,兰斯洛特突然梦到桂妮薇儿要出事,便火速赶去见她。而桂妮薇儿此时确实已经病危,她心知兰斯洛特一定会来见自己最后一面。为了实现与兰斯洛特不复相见的誓言,她向上帝祈祷自己尽快死去。果然,当兰斯洛特赶到时,曾经的一代美后已经在半个小时前香消玉殒了。

相见不如不见,思念不如怀念;人只有死了,情才能永远!

悲痛欲绝的兰斯洛特亲自为桂妮薇儿出殡,并把她与亚瑟王合葬在一处。六周后,这位曾经的首席圆桌骑士也追随自己的爱人和敬爱的亚瑟王长眠于地下了。

亚瑟王的主线故事就讲到这里(当然还有无数的支线情节,就不一一赘述了)。如果刨去亚瑟王人生中段的那些丰功伟绩,基本上他的一生可以盖棺论定为,生于婚外情,死于三角恋。

而如果你要问亚瑟王的故事里面到底有多少真材实料,我可以负责任地告诉你,几乎没有,你就当是在听《西游记》这类故事吧。

然而《西游记》里的玄奘毕竟是真实存在的,而现在主流的史学家已经认定亚瑟王是个架空的人物,除了盎格鲁-撒克逊人入侵不列颠这个大背景外,所有亚瑟王故事里的人和事都是杜撰出来的。

在西方世界里，亚瑟王故事的知名度和普及度之所以能仅次于《圣经》以及莎士比亚的戏剧，完全归功于一些大牌写手和吟游诗人的作品，比如被吟游诗人们唱遍整个欧洲的《亚瑟王传说》（Matter of Britain）以及英国作家汤马斯·马洛礼（Thomas Malory）的《亚瑟之死》（Le Morte d'Arthur）。

而在近现代，关于亚瑟王的题材更是多次被搬上影视剧银幕。由于实在太多，这里就不一一列举了。也正因为亚瑟王是虚构的，所以就给文学创作以极大的发挥空间，不管后世如何在此虚构的基础上再渲染，再加工，再升华，都不会有人站出来大骂这是篡改历史，误导下一代。

说到这里，可能有的亚瑟迷不高兴了，会指出部分学者认为亚瑟王是确有其人的。可惜的是，在亚瑟王故事发生的5世纪末6世纪初的不列颠岛上，居然连个像样的官方历史记录都没有。

虽然成书于12世纪的《不列颠诸王史》（The History of the Kings of Britain）中大篇幅地描述了亚瑟王的生平事迹，然而这本所谓史书压根儿就不是一本历史书，比《山海经》还玄幻。作者蒙茅斯的杰弗里（Geoffrey of Monmouth）是个威尔士人，他用一些威尔士的古老传说东拼西凑，加上个人想象，打造了类似于《指环王》般魔幻传奇的亚瑟王故事。

而真正有历史价值的是英国经典史书，如《盎格鲁-撒克逊编年史》（Anglo-Saxon Chronicle）和《英吉利教会史》（Ecclesiastical History of the English People），却从没有提到过亚瑟王。虽然据说1191年在格拉斯顿伯里修道院（Glastonbury Abbey）发现并挖掘出亚瑟王的坟墓，现场的修道士打开棺木，发现亚瑟王骨骸清奇，不仅骸骨发光，而且头骨立起来比人的膝盖还高（巨人族的又一例证？）。后来作为异族统治者的金雀花王朝的国王们为了压制盎格鲁-撒克逊民族，特意抬高了亚瑟王的地位并多次参观其坟墓。但是这场发生在12世纪的考古发掘后来被史学家证明为骗局。

总之，无论从现存的零星史料记载还是考古发现，都没有确凿证据可以证明历史上存在过亚瑟王，哪怕是一个真实的原型。所以还是那句话，请大家不要迷恋亚瑟王，因为，他只是个传说。

6. 战国七雄

不管到底有没有亚瑟王这个人，到了 6 世纪，外来户盎格鲁-撒克逊人已经占据了英格兰的绝大部分地区，而原住民不列颠人则被彻底赶到了威尔士地区，一部分甚至还跑到了法国。

现在对于盎格鲁-撒克逊人来说，种族间的敌我矛盾算是解决了，但是种族内的人民内部矛盾才刚刚开始。

以前讲过，盎格鲁-撒克逊人来不列颠岛，是分批分拨来的。里面派系、宗族、部落多如牛毛，也没有统一的领导。当外敌存在时，大家还能团结起来一致对外，至于到底谁拿得多谁拿得少，也不会有人太计较。

现在外敌没有了，也就到了亲兄弟明算账的时候。

于是从 500 年到 850 年，盎格鲁-撒克逊人统治下的英格兰地区进入了群雄逐鹿的七国时代（Heptarchy）。

说是七国，其实开始时远不止七个。能称得上王国的就有 20 个，其他可以叫得上名字的大小部落山头还有 38 个之多。不过经过一系列的整合、兼并以及重组，历史老人只留下实力最强的 7 家，作为以后问鼎英格兰的苗子来重点培养。

这七个国家分别如下：

诺森比亚（Northumbria，包括英格兰的北部和苏格兰的东南部，盎格鲁人建立）。

东盎格利亚（East Anglia，英格兰东部，盎格鲁人建立）。

麦西亚（Mercia，英格兰中部，盎格鲁人建立）。

肯特（Kent，英格兰东南部，朱特人建立）。

韦塞克斯（Wessex，英格兰西南部，撒克逊人建立，是忏悔者爱德华祖先建立的国家）。

埃塞克斯（Essex，英格兰东部，撒克逊人建立）。

萨塞克斯（Sussex，英格兰东南部，撒克逊人建立）。

当时虽说是群雄割据的局面，也会时不时地出现几位名单之外的霸主,在某一时期称霸英格兰,令其他的小国俯首称臣。比如在6世纪末,肯特人在英格兰南部地区就是绝对的老大,那几个"塞克斯"都得给它交保护费。到了7世纪时,北边的诺森比亚和南边的韦塞克斯也都威风过一把,各领风骚数十年。

当时间进入8世纪,中部的麦西亚开始独占鳌头,特别是到了奥法(Offa)在位时,除了北边的诺森比亚,英格兰的其他各国都已经被他收拾得服服帖帖了,各国虽然还都保持着自己的王室,但基本上也都是傀儡或代理人。即便连没臣服的诺森比亚国王也成了奥法的女婿。

奥法打理好英格兰内部事务后,又想起在威尔士还活跃着不少不列颠人。虽然他们已经被赶到了山沟里,但在奥法眼中,这些境外反英敌对势力,亡我之心时刻不死。

在进攻了几次威尔士,取得了一些战果后,奥法改变了战略。他在英格兰和威尔士边界修建起绵延240公里的堤坝,史称奥法堤。在随后的几个世纪里,奥法堤便成了英格兰和威尔士的分界线。当然,这个堤坝不是为了防范洪水，而是为了抵御和隔离威尔士的不列颠人。

修堤坝御敌？只有2.5米高的堤坝，你能管它叫城墙吗？奥法不可能像之前的罗马皇帝那样有足够的金钱修建长城，即便是修个堤，也差点儿让他破产。要是那年头能拉铁丝网，奥法肯定会选择这个事半功倍的法子。

不列颠岛上的事忙得差不多，奥法又开始心怀天下，放眼欧洲。当然他没有什么征服整个欧洲的野心，更何况他也没有那个能力，因为他充其量只是半个岛主（因为威尔士和苏格兰还没搞定）。

不过更为重要的是，当时欧洲大陆还有一位不世出者，这位仁兄活着时的事迹和去世后的影响，就算在我国的中学历史课本里，也要占上好几页。他就是查理曼（Charlemagne）大帝。

虽说奥法没有称霸欧洲的抱负，但是和大陆上的人做做买卖，互通有无的心情还是有的。英格兰向欧洲其他国家出口布料，进口石材，两岸贸易搞得如火如荼，几乎成了中世纪版的欧洲经济共同体，以至于两岸领导人奥法和查理曼大帝经常通信，盛赞双边贸易的飞速发展。

而这些高层间的通信是英国外交史上现存最早的外交书信。

在信里，查理曼大帝常常跟奥法称兄道弟，好像亲密无间的样子。但是在这哥俩好的背后，查理曼却不断培植反麦西亚的力量，收留了不少从不列颠其他各国逃出来的政治难民，而其中的一个避难者会在不远的将来，成为麦西亚人的克星。

这种耍两面派的做法，在古今中外是屡见不鲜的。所以奥法也没把查理曼的小动作太当回事，后来查理曼还提出要和奥法结儿女亲家，让儿子小查理（Charles the younger）娶奥法的女儿埃塞尔雷德（Ælfflæd）。

对于这门亲事，奥法自然很高兴，不过他可能是高兴得有点儿过头了，竟然提出了一个嫁女的条件，结果导致两国关系彻底恶化。

奥法的条件就是让自己的儿子迎娶查理曼的女儿。要说这个条件也不算过分，毕竟是为了进一步加深两国的感情嘛。可没想到这一亲上加亲的提议，竟然惹怒了查理曼大帝，不仅取消了原来的婚事，还下令断绝和英格兰的贸易往来。

这似乎有点儿匪夷所思了，结亲不成仁义在嘛，何必如此大动肝火！其实查理曼大帝的动怒还是多少可以理解的。作为欧洲大陆最高统治者的儿子，小查理无疑是大国王子。虽然奥法的麦西亚地方不大，他的女儿也是一国公主。大国王子迎娶小国公主，这亲事多少也是门当户对。

但是奥法要换亲，用儿子娶查理曼的女儿，可就成了大国公主下嫁小国王子了。这个是查理曼大帝无论如何都不能接受的，怎么能把自己心爱的女儿嫁到那么偏远的蛮荒岛屿上呢？自己要是想见女儿了，或者女儿要回娘家省亲，那还不得走上一年的路。提出这种癞蛤蟆吃天鹅肉，还剥夺父女亲情的想法的奥法，实在是太可恶了，跟他断绝贸易都是轻的，没打过去都算便宜他了。

估计以当时的情况，全地球也就东方唐朝的皇太子才配娶查理曼的女儿。就这样，查理曼始终如一地本着不能委屈自己闺女的想法，结果导致他的女儿在他活着的时候，一个都没嫁出去。

而奥法的女儿埃塞尔雷德虽然没和小查理这位日后的法兰克国王喜结连理，但她后来的结局也不错，嫁给了诺森比亚国王。

虽然奥法和查理曼之间没做成亲家，还闹了点儿不愉快，但最终两国还是恢复了贸易，并于796年签订了英国历史上已知最早的贸易条约。如果说和法兰克的商业往来对麦西亚主导的英格兰来说还算是happy ending，而另一波从欧洲大陆来的商人带来的却是噩梦的开始。

793年，丹麦的一批客商来到英格兰北部的诺森比亚做买卖。丹麦人本指望从家乡带来的土特产能让自己发财，可是按当地税率，明显没多大赚头。要说丹麦人也算是盎格鲁-撒克逊人的日耳曼老乡，特别是朱特人原来就是从丹麦过来的。

几百年过去，来不列颠岛的这支日耳曼人都已经发达了，怎么现在老乡大老远跑来做买卖，还要被税务黑一把。丹麦人想不明白，于是和当地的税务人员发生了摩擦，而且还把税务官打死了。

既然出了事，索性把事情闹大，就跟当年盎格鲁-撒克逊人向雇主不列颠人讨薪不成，反把雇主抢了一样。同样拥有日耳曼血统的丹麦人一不做，二不休，洗劫并毁掉了诺森比亚境内林迪斯法恩圣岛（Holy Island of Lindisfarne）上的修道院——此时的丹麦人还不信基督教。

这帮在历史上不知名的丹麦人不知道，他们在793年6月8日的这次抢劫，抢出了划时代意义，使得他们及其后继者有了一个更为响亮的名字——维京人。同时，他们也在欧洲开启了长达两百多年的维京时代。

关于维京海盗我在第一部里已经专门讲过，不过那时的主线是维京人在法国，而现在是维京人在英格兰。相对于法国，英格兰对维京时代更有意义，因为维京时代是从这里开始的，也是在这里结束的。而结束维京时代的那位强者的生命，却不幸地被另一位具有维京血统的人给结束了。

维京人的抢劫处女作，震动了欧洲的各个王庭。因为谁也没有料到，又有一波新的蛮族出现，并已经开始向基督教世界下手了。而且这次和几百年前的那次不一样，那次是陆地劫掠，而这次是海洋；那次是如今欧洲各王室的祖先抢罗马人，而这次是留在老家的日耳曼兄弟来抢自己。

从此各国开始有所警觉，但是包括奥法在内的所有人都没有预料到，维京给欧洲的临海国家带来的灾难程度会如此之大——当然这是后话了。

至少现在奥法并不担心那几个袭扰了英格兰北部和东部海岸的维京小毛贼。他在位四十年，在他的统治下，麦西亚的国力之强前所未有，几乎控制了整个英格兰，这是自罗马人撤退后的三百年里从未出现过的，甚至除了罗马时期的总督，不列颠岛上还没有哪一位统治者可以和他的势力比肩。

正可谓前无古人，不过后有来者，而且这个来者很快就要来了。

不过不管怎样，对于奥法来说，他真的没有什么可遗憾的了，他已经为麦西亚的后继者扫清了几乎所有的障碍，以后能发展到什么程度，就完全靠他们自己了。

796年7月29日，不列颠岛的一代霸主奥法去世。我们只能称其为霸主，或者按古英语的说法叫他Bretwalda（译为不列颠之主），不能称他为英格兰国王，因为英格兰作为国家出现还要再等上一百多年。

而且奥法也没有把不列颠岛上的七国变成一个国家的主观能动性，虽然再向前一步，他就很有可能成为英格兰的国父，但他对于做"联合国"主席这个位子更情有独钟。

当然我们也不能否认奥法为战国七雄的统一所做的贡献，毕竟他的统治让盎格鲁-撒克逊人看到了一个国家、一个领袖的希望，从此后世的统治者开始考虑统一盎格鲁-撒克逊诸国这个问题。

奥法死后，他的儿子即位，不过只做了141天的国王就病逝了。然后出身王室支系的肯武夫（Coenwulf）即位。而靠奥法个人的能力和魅力建立起来的麦西亚霸权，此时开始危机四伏。

先是肯特人造反，一位当年流亡法兰克的肯特贵族，在奥法的"好兄弟"查理曼大帝的帮助下，被空投回肯特当上了国王。紧接着东盎格利亚也脱离了麦西亚的控制。这两处叛乱虽然很棘手,但是肯武夫还应付得来,可是另外一个更大的麻烦发生了,而这个麻烦终将置麦西亚于万劫不复之地。

802年,流亡法兰克长达13年的肯特王子爱格伯特(Egbert)终于回来了,不过他回来不是来做肯特国王,而是做韦塞克斯国王。

789年,爱格伯特在父王去世后,被奥法驱逐到欧洲大陆的法兰克王国,查理曼大帝收留了他。在法兰克的王庭里,爱格伯特不断地接任务,完成任务,以修炼升级自己的执政能力,并且时刻等待机会,好反攻不列颠小岛。

在奥法死后的802年,奥法的女婿韦塞克国王贝奥赫特里克(Beorhtric)驾崩。这个机会终于来了。

同样拥有韦塞克斯王室血统的爱格伯特被列入王位继承人的名单。虽然还有其他的候选人参加了这次"我要当国王"的超级选秀活动,但是在查理曼大帝和教皇两大强势评委的支持下,爱格伯特顺利夺冠,成为韦塞克斯国王。对于这个结果,肯武夫除了抱怨选秀有黑幕,也是无可奈何。

——其实大多数选秀都是有黑幕的，更何况政治选秀。

从此以后，韦塞克斯率先从麦西亚的控制中完全独立出来，而一直在其他地方灭火的肯武夫也没有实力再次将触角伸回韦塞克斯。不过好在爱格伯特的志向也不高，除了不声不响地蒙头搞发展外，在不列颠岛这个小国际社会中既不结盟也不树敌，几乎是超然世外。

如果你就此认为爱格伯特不思进取，那就大错特错了。他是再一次潜下心来等待机会。既然之前他能等上13年，回韦塞克斯做国王，那么他就能再等13年，甚至更长的时间，去实现自己的霸业。何况他现在的处境比之前在法兰克寄人篱下强多了，而且此时的爱格伯特不过30岁左右。

时间飞逝，又过了19年。到了821年，麦西亚的救火队长肯武夫终于死了。在他的勉力维持下，麦西亚对除南边的韦塞克斯和北部的诺森比亚以外的其他各国，还都保持着宗主地位。

而肯武夫的弟弟寇武夫（Ceolwulf）即位后，局面大变。他上任没多久，儿子就被谋杀了。不久后，才做了两年国王的寇武夫，被王室的另一支系成员本武夫（Beornwulf）废黜。经过这几个"武夫"的一番折腾，麦西亚的国力大不如从前。

爱格伯特等待的机会终于再次到来。825年，麦西亚和韦塞克斯之间爆发了埃兰丹之战（Battle of Ellandun），韦塞克斯大胜。

关于这场战役的历史记录并不详细，但是包括研究盎格鲁-撒克逊史的著名英国历史学家弗兰克·斯坦顿爵士（Sir Frank Stenton）在内的很多历史学家，都认为埃兰丹之战是英国历史上最具决定性的战役之一。

此役之后，在七国时代中，长达百年的由麦西亚主导的单极霸权体系终于走到尽头。

而爱格伯特挟埃兰丹胜利之威，于同年逼迫埃塞克斯最后一任国王割让了埃塞克斯的全部领土。于是，历时300年的埃塞克斯王国在七国中第一个灭亡了。

随后，爱格伯特又派自己的儿子埃塞尔伍尔夫（Æthelwulf）攻占了肯特，紧接着萨塞克斯和萨里

（Surrey，夹在韦塞克斯和萨塞克斯中间的一个小国）也臣服了韦塞克斯。

最后就连离得最近而且跟随麦西亚最久的小弟东盎格利亚也想换老大了，竟然主动请求韦塞克斯的保护。对此，本武夫怒不可遏，在不到一年的时间里，他失去了对所有附属国的控制，真可谓树倒猢狲散呀！

不过，本武夫并不认为麦西亚这棵大树已倒。于是他亲自带人去砍昔日的小弟东盎格利亚，结果在一次战斗中，本武夫反被小弟砍死了。

麦西亚的噩梦并没有就此结束，接替本武夫的下一任麦西亚国王也被东盎格利亚砍死了。在失去了所有的羽翼后，爱格伯特终于向麦西亚本土动手了。

829年，爱格伯特击败并驱逐了麦西亚国王维格莱夫（Wiglaf）。同年，爱格伯特入侵诺森比亚，在多尔（Dore）接受了诺森比亚国王伊恩瑞德（Eanred）的投降。至此，爱格伯特终于成为盎格鲁-撒克逊七国时代的第八位，也是倒数第二位霸主。他还打破了由奥法保持的纪录，暂时地控制了全部盎格鲁-撒克逊七国。请注意暂时这两个字。如果要问这个暂时有多久，不到一年！

第二年，麦西亚国王维格莱夫又杀了回来，然后诺森比亚和东盎格利亚也不再认韦塞克斯为老大。这一切都发生得太突然，英格兰的格局在820—830年的整整十年里极其混乱，极其不稳定，各国领导人不是被杀，被驱逐，就是在忙着站队。

究其原因，三个字：不清楚。不只是我不清楚，连史学家也不清楚。

这是当时的英国缺少历史文献记录造成的。文盲率在盎格鲁-撒克逊各王室内都相当高，更别说普通人。保留下来最多的文献就是土地赠予文书（Land Grant Chapter）。这些文书多少有点儿像地契，通常记录着国王对贵族或者教会赠予土地的情况，国王要署名，还要有证人签字。

虽然那时英国的文字普及率并不高，出版物也不多，但土地文书这种东西还是必须有的，而且要保存好。否则万一哪天有人强占了你土地，强拆了你房子，你还不至于没有凭证去上访。

这也从一个侧面看出，至少英国的上层社会在很早以前就已经形成尊重契约的共识。什么一诺千金，兵荒马乱的年代，白纸黑字才是最值得相信的。

通过对保留下来的大量土地赠予文书的研究，特别是对赠予土地的时间、地点以及赠予人、被赠人，乃至证人的名字的咬文嚼字——虽然没有官方的史料记载，但后世的史学家也能大致推断出哪个国王在哪个时期执政，其势力范围大致包括什么地方。

举个例子，一份土地赠予文书上记录，829年，韦塞克斯国王爱格伯特把伦敦一个黄金地段赐给了教会。当然，文书上没有规定这是工业用地、农业用地，还是住宅用地，教会可以用这块地种菜、养猪，或者搞会所、房地产，总之干什么都成。除了爱格伯特外，他的几个新小弟如肯特和东盎格利亚的国王也参加了土地赠予仪式，还作为证人在赠予文书上签了字。

从这些记录上，我们首先就能得出，在那一年，伦敦是韦塞克斯神圣不可侵犯的领土，而且东盎格利亚和埃塞克斯都是韦塞克斯的附属国。因为在乱世中，只有老大能召集小弟过来，绝没有小弟叫老大过去的道理，这也有点儿像中国春秋时期的会盟。

其次我们还能看到诺森比亚国王没有来，这可能是因为他生病了或者有事，但更大的可能性是，那时诺森比亚还没认韦塞克斯这个老大，自然也不会给它这个面子。最后我们还可以得出一个结论，当时爱格伯特和教会的关系是不错的。

又比如，一年后830年的另一份文书上记录，麦西亚国王维格莱夫把同样一块地赐给了他的一个死党，东盎格利亚国王参加并出席了签字仪式。那么我们就知道现在伦敦又归麦西亚了，东盎格利亚又换了码头，跟着麦西亚混了，而且似乎维格莱夫和教会的关系不太好，居然把原来教会的地给了别人。

此外，土地文书上证人签名的顺序也可能藏着天大的玄机，那绝对不是按照姓氏笔画排的。而王室成员出现的次序，则决定了其继承王位的优先级（王位继承的问题水很深，以后会专门介绍）。

假想你是个考据学者，如果你发现之前出现在某些地王的土地证上的大臣名字，在后来的土地证上消失不见了，那你几乎可以肯定地说，这个"失踪"人士只有四种可能的结局：第一，已经自然或非自然死亡；第二，失宠退居二线；第三，被革职；第四，叛国外逃。然后你可以再结合其他史料来推演到底是哪种可能。如果是真的死了，你就能推断出死者的卒年。

怎么样，土地赠予文书的信息量很大吧！可是这些文书无法告诉我们为什么这些土地会转手，为什么一会儿爱格伯特打了过来，一会儿维格莱夫又打了回去。

而对于这些问题的解释，现代史学家也只能给出一个推测，8世纪20年代的英格兰如此的动荡，完全是欧洲大陆上神圣罗马帝国惹的祸。

这个神圣罗马帝国是查理曼大帝于800年将法兰克王国改造后的升级版。而查理曼大帝自己也终于从国王晋级为皇帝。虽然后来的法国思想家伏尔泰曾这样评价神圣罗马帝国："既不神圣，也不罗马，更非帝国。"但当时这个神圣罗马帝国打个喷嚏，不列颠还是会感冒。而且在奥法死后，查理曼大帝曾经向一衣带水的不列颠空投了好几位流亡法兰克的盎格鲁-撒克逊王室贵族，其中最成功的一位就是爱格伯特。

正是在查理曼大帝及其后继者虔诚者路易（Louis

the Pious）父子两代人大力的军援和经援下，爱格伯特才能一步步取得成功。然而就在爱格伯特刚刚统一七国后，法兰克老大哥却遇到了大麻烦。其国内爆发了严重的经济危机，整个商业系统都崩溃了，GDP等各种经济指数大幅下滑。更加火上浇油的是，一场针对虔诚者路易的叛乱于830年发生了，而这只是法兰克一系列长达10年的内乱之开始。

因此有些学者认为，正是因为法兰克自身的麻烦，导致其不可能再像以前那样支持爱格伯特了，然后维格莱夫就复辟了麦西亚，东盎格利亚也独立了。可事情真的是这样吗？我看倒不尽然。

难道以爱格伯特的能力，会在形势一片大好的情况下，让维格莱夫再翻了盘？这背后恐怕不只是因为法兰克减少了对爱格伯特的援助，更可能的原因是法兰克把该给爱格伯特的援助给了维格莱夫。

因为法兰克肯定是不希望看到一个统一强大的英格兰出现在自己的身旁，而盎格鲁-撒克逊人内部这种多极平衡体系的产生，可以说对法兰克最为有利。

经过几年的南北拉锯后，到了830年年底，英格兰的各方势力分布大体是这样的：

最南部的爱格伯特控制了包括韦塞克斯、肯特、埃塞克斯和萨塞克斯在内的广大领土，此时的埃塞克斯已经彻底灭亡。爱格伯特直接统治着萨塞克斯，而他的独子埃塞尔伍尔夫被封为肯特的国王。可以看出，这两个作为韦塞克斯子公司的国家，正被"品牌重组"，合并进母公司，只是时间问题。

在爱格伯特的北边是已经无法再恢复往日雄风的麦西亚，以及刚刚独立的东盎格利亚，它们的北边是诺森比亚，而诺森比亚再往北就是维京人。

7. 一群来自北方的狼

进入 9 世纪后,丹麦维京人已经不像以前那样小打小闹了,开始大规模地来不列颠抢劫。作案地点也不仅限于英格兰北部和东部的沿海地区,凡是不列颠岛海岸线上船能划到的地方,维京人都会去检查当地的海防情况,如果不合格,就上去抢一把"以示惩罚"。

逐渐地,抢劫成了丹麦在新世纪重点扶植的第一支柱产业,丹麦迎来了全民海盗的时代。

爱格伯特在位时,就曾经分别于 836 年和 838 年在不列颠岛的西南海岸两次与维京人交手,战果是先败后胜。838 年的那次战役,爱格伯特还顺带灭掉了一个维京人的同盟,在不列颠岛西南角坚挺了四百年之久的不列颠人王国杜姆诺尼亚(Dumnonia)。

此役的第二年,即 839 年,爱格伯特驾崩。他做的最后一件事就是顺利地将王位转到了儿子埃塞尔伍尔夫手里。这听起来似乎很简单，子承父业不是再正常不过的事了吗？但在纷乱的七国时代，这事儿实际操作起来难度还是很大的，不是只需要证明你爹是你爹就行的。

以当时盎格鲁-撒克逊人的传统，只要你是王室贵胄，在一定程度上都是有继承权的。各国的王位常常在王室的不同支系间转换。如果让每个有继承王位资格的人都签署放弃继承权的公证书，似乎不太现实。所以必须有强大的势力以及和教会良好的关系（比如时不时地送块地王给教会），用硬实力保障权力能够交到自己人的手里。

这次顺利交接后，韦塞克斯的王位就一直掌握在爱格伯特子孙的手里了，爱格伯特栽的树，终于让他的后人乘了二百年的凉。

继位后的埃塞尔伍尔夫，迫于日益严重的来自维京人的压力，终于与宿敌麦西亚和解。两国从全线停火，快速升温成全面战略伙伴关系。而且为了将这个同盟变得更加牢靠，埃塞尔伍尔夫还将自己唯一的女儿嫁给了麦西亚国王伯格雷德（Burgred）。

在搞好岛内关系的同时，埃塞尔伍尔夫计划进一步争取岛外势力在抵抗维京人方面的支持。于是他在853年向罗马教廷派出了一个使团，去觐见教皇。在让什么人担任团长这个问题上，埃塞尔伍尔夫煞费苦心。最终他敲定的人选就是自己的小儿子阿尔弗雷德（Alfred）。

本来吗，打仗亲兄弟，上阵父子兵，将这么一个光荣而艰巨的任务交给自己的儿子是再合适不过，再放心不过了，但问题是这个阿尔弗雷德当时只有4岁！

4岁，幼儿园中班的年龄。对于这个年龄的孩子来说，要远离父母到千里之外的基督教世界中心罗马去觐见教皇，不哭着喊着找妈妈就算是有出息了，更别说能完成外交使命了。可是小阿尔弗雷德就做到了，而且完成得非常出色。

其实阿尔弗雷德从小就聪明过人，德智体美劳全面发展。至少后来他下令编撰的那部《盎格鲁-撒克逊编年史》里是这么说的。他不光在4岁的时候出使罗马，见了教皇，而且在五六岁的年纪，就已经出任韦塞克斯驻西法兰克（也就是后来的法国）大使，成了西法兰克国王秃头查理（Charles the Bald）的座上宾。

在英国，一直以来还流传着这么一个故事，讲的是有一次阿尔弗雷德的母亲让他和几个哥哥一起背一本英格兰的古诗集（相当于中国的唐诗三百首），声明谁要是先背完，就奖赏给谁一本。结果阿尔弗雷德最先背完了。

这个故事听起来似乎平淡无奇，放在中国，这种背书快的聪明孩子的故事热度绝不会超出一个村子的范围，毕竟在中国，不论古今，这样的孩子都太多了。而且作为王后，阿尔弗雷德的母亲也多少有些抠门了，奖品不过是一本已经背下来的书而已。

可是如果了解过当时英格兰在文教方面的两个事实，可能你就不会这么想了。第一个事实我们之前提到过，即9世纪时英格兰的文盲率奇高，即便说高达99.5%也不过分。能认字的只有教士、僧侣以及少数贵族，王室里大字不识的人也大有人在，更不要说能背诗的了。

第二个事实就是一本质地良好的书在中世纪早期

的欧洲是相当昂贵的。由于中国发明的造纸术最早也要到11世纪晚期才传入欧洲，9世纪时，欧洲有钱人用的都是羊皮纸制成的书，像一部精装大开本的圣经就要用掉300张小羊皮。就算英格兰的羊再多，如果大家都看书，一本畅销书就能让全国的羊都死绝。那可不是洛阳纸贵，而是欧洲羊贵了。

所以一个在文盲堆里长大的孩子能把诗集背下来，并且得到一本价值不菲的书作为奖励，这样的故事在当时英格兰的轰动程度不亚于，我国1977年恢复高考后，在偏远的小县城出了个考上清华北大的学生。

作为领袖人物，阿尔弗雷德小时候的过人之处还有不少，比如七八岁时第一次外出打猎，就单挑干掉一头大野猪。当然，当时的史书在这些事情上掺些水分，为领导同志唱赞歌也是完全可以理解的。书上没讲阿尔弗雷德他妈在生他前，梦到什么神人临幸或者金龙入室这样的异象，就算英国古代的史学家厚道了。

总之，就是因为幼年阿尔弗雷德有如此强悍的履历和特长，埃塞尔伍尔夫才会派他去搞萌娃外交。

事实证明，当时的教皇利奥四世（Pope Leo Ⅳ）

果然非常喜爱小阿尔弗雷德（估计老家伙没少掐孩子的小脸蛋）。据《盎格鲁-撒克逊编年史》记载，教皇居然跳过阿尔弗雷德的三个哥哥，直接指定他为韦塞克斯的继承人。虽然这种说法不太靠谱，但是后来阿尔弗雷德确实继承了王位。

在送小儿子去罗马后的第三年，埃塞尔伍尔夫也亲自去罗马朝圣。在早已对教廷礼仪了如指掌的阿尔弗雷德的协助下，埃塞尔伍尔夫顺利地觐见了教皇，并几乎给教廷上下各阶层教士每人都带去了一份大礼包。当然，礼包里装的不是什么格子围巾或者威士忌这样的土特产，也不是去英国买奢侈品打八折的购物券，而是沉甸甸的真金白银。

在9世纪，从不列颠岛到罗马旅行的难度，不亚于现在骑自行车环游世界。因此，一个国王能不远千里地来朝圣，光这个政治态度就已经很值得表扬了，更何况埃塞尔伍尔夫还带了那么多礼物，所以大家自然很开心，谈的事情也很顺利。

而更让埃塞尔伍尔夫高兴的是，他在回家的路上，经过西法兰克时，还续了弦，迎娶了西法兰克国王秃头查理的长女朱迪思（Judith），而这个朱迪思就是当年查理曼大帝的曾孙女。

此时埃塞尔伍尔夫大约五十岁，而朱迪思只有十二三岁。

虽然中世纪的人提倡早婚早育，但是让一个年龄刚够上初一的小女孩嫁给一个中学校长年纪的老头，让全体同学情何以堪？

而且像所有的公主一样，朱迪思从小就幻想着，长大后能有一位英俊潇洒的王子骑着高大健美的白马，轻挽自己的腰肢，将自己抱到马上，从此一起过上童话里的幸福生活。

如今高大健美的白马来了，不过上面不是王子，而是王子他爹。

小女孩的心立马碎了一地。

可为了联合韦塞克斯一起对付维京人，秃头查理是不会在乎自己的女儿的，而他能为女儿做的，就是尽最大努力让她加冕为韦塞克斯王后。

这是什么意思？嫁给一个大叔就已经够悲惨了，难道还要为争取名分而奋斗吗？

还真是这样。因为生活在韦塞克斯的西撒克逊人向来没有给国王老婆加冕的传统,所以理论上来说,虽然国王只标配一位正式编制的妻子,但她还不能被称为王后(Queen),只能叫王妻(king's wife,王妻,亡妻?实在太晦气了!),而且出席各种国内外正式场合时,还不能和国王并排坐。

这么不尊重女性,自由浪漫的法国人表示坚决不能接受。

所以秃头查理强烈要求给自己的女儿加冕为韦塞克斯王后,并进行婚前财产公证。

最后埃塞尔伍尔夫妥协了,不过他提出要加冕可以,但不能在韦塞克斯进行,因为那样可能会激发群体事件。毕竟岛上的父老乡亲可能无法理解:不就是国王娶个老婆吗,杀两头牛,大伙好好喝一顿不就行了,为啥还要搞那么大动静?

最终,这场加冕仪式连同婚礼,还是在女方家地盘上的兰斯大教堂办的。

虽然埃塞尔伍尔夫比较低调,没在韦塞克斯大操大办,但他没想到,正是这门亲事,险些让他与自己的二儿子反目,爆发内战。看来老人续弦没和子女商量,搞不好是要出大乱子的。

埃塞尔伍尔夫总共有五儿一女。作为父亲,埃塞尔伍尔夫应该算是很成功了,因为他的全部六个子女日后都当上了国王或者王后。这听上去很神气,然而实际情况却不尽然,反而还有些悲惨。

先说长子埃塞尔斯坦(Æthelstan),他早年被封为肯特国王,不过在埃塞尔伍尔夫去罗马前三年就已经病逝了。而日后,埃塞尔伍尔夫的次子、三子和四子没当上几年的国王,也都英年早逝。

于是从852年到871年,不到二十年的时间里,埃塞尔伍尔夫父子,五位国家领导人先后都死在了工作岗位上。平均不到四年一位。与其说他们家是一门国王,倒不如说是一门烈士。

再回来说埃塞尔伍尔夫的二儿子埃塞尔博尔德(Æthelbald),他在父亲去罗马期间,担任韦塞克斯的摄政。当他听说父亲娶了西法兰克的公主后,非常愤慨。

而愤慨的真正原因倒不是要让他管一个十二三岁的小姑娘叫妈,而是他害怕万一日后朱迪思给父亲生了小弟弟,以朱迪思西法兰克公主的身份,子以母贵,那么未来的小弟弟很可能就会取他而代之,继承王位。

虽然后来的事实证明埃塞尔博尔德完全高估了自己父亲的性能力——朱迪思根本就没给埃塞尔伍尔夫生下一儿半女,但当时的他却不能不为这潜在的危险做准备。于是他联合了一些贵族和主教,计划篡位。

幸好埃塞尔伍尔夫回来得及时,否则估计韦塞克斯的边防可能都不会放他入境。面对儿子的阴谋,埃塞尔伍尔夫本可以集结自己的支持者,和埃塞尔博尔德来个父子大作战。可是在考虑了当下的国际国内形势后,他选择了妥协。

老二你要的不就是权力吗?老子给你!

埃塞尔伍尔夫将韦塞克斯一分为二,西部给了埃塞尔博尔德,自己则统治中部和东部。就这样,韦塞克斯形成了父子两人联合执政的双头政治局面。

不过这种局面只维持了两年,埃塞尔伍尔夫于858年驾崩,埃塞尔博尔德终于可以独掌韦塞克斯的大权了。不过他掌权后做的第一件事,竟然是向自己的继母朱迪思求婚。

埃塞尔博尔德这事做得确实不地道，当初他反对父亲续弦还差点儿造反，现在居然提出娶自己的继母。这不要脸程度实在不可以车载斗量。

虽然这乱伦的事备受当时以及后世的谴责和诟病，但是埃塞尔博尔德还是一意孤行地霸王硬上弓了。这倒不是因为朱迪思长得有多漂亮，而是她这个西法兰克公主的身份对埃塞尔博尔德来说太有诱惑力了，而且她爹秃头查理日后更加冕为神圣罗马帝国的皇帝。

而此时女方家长秃头查理为了继续和英吉利海峡对岸的韦塞克斯联合抗击维京人，也希望朱迪思能留在那里。"闺女，为了两岸人民的幸福，你就辛苦再干一届吧。"于是朱迪思连任了韦塞克斯的王后。

要说这个朱迪思也真够可怜的，嫁给埃塞尔伍尔夫时也就十二三岁。可不到两年的时间里，第一任丈夫就死了，现在还得被迫和继子结婚。

虽说她的命苦了点儿，但她的丈夫更倒霉——继子兼第二任丈夫没两年也死了，于是她又成了寡妇。

埃塞尔博尔德死后，他的弟弟，埃塞尔伍尔夫的三儿子埃塞尔伯特成了韦塞克斯的新一任国王。虽然

第二部 千年一梦不列颠

埃塞尔伯特继承了父兄的一切财产和权力，但是在是否继承他们妻子的问题上，埃塞尔伯特还算比较厚道，就没让朱迪思接着干第三届王后。

不过在朱迪思的去留上，埃塞尔伯特多少有点儿头疼。她好歹也是两位先帝的遗孀，按理说下半辈子应该由国家按第一夫人待遇供养，但是把这么一个比自己还小许多的法国美女、妙龄太后放在身边，埃塞尔伯特也不知道该怎么办。

算了，还是放她走吧！于是埃塞尔伯特找到朱迪思，可还没开口，他就有点儿犯难，不知道应该怎么称呼这位曾经是继母，又是嫂子的女孩。

思绪良久，埃塞尔伯特终于开口了："嫂娘，您还是回法国吧，三弟就不留你了！"——埃塞尔伯特排行老三。

终于自由了！整整四年最美好的时光，就这么耗在了两个老男人身上。本应该是花季少女的她，可惜却过早地枯萎了。她还能有再一次绽放自己青春的机会吗？

在回法国前，朱迪思抛售了自己在英格兰境内的所有不动产，就算再有升值潜力、高租金回报以及分时度假，也一间房都不留，老娘是打死也不会回到这个毁了我花样年华的地方了！

朱迪思回到法国后，秃头查理直接把她送进了当时的高级干休所——修道院。要说修道院是干休所一点儿也不夸张，中世纪欧洲的很多寡居王后和退休高级官员都是在那里度过余生的。

不过秃头查理可不想让自己的女儿在修道院里就这么度过下半生。女儿这么好的条件，即便现在成了寡妇，但皇帝的女儿不愁嫁呀，朱迪思绝对能够成为欧洲王室二婚市场上的抢手货。

正当秃头查理为朱迪思物色第三任丈夫时，一场意外彻底打乱了他的嫁女计划，并让他出离愤怒了。

朱迪思和一个平民私奔了！

修道院清修的日子，对一个十六岁少女来说是残酷的。更加残酷的是，朱迪思不知道自己的未来在哪里。也许是嫁给隔壁那个国家的老国王，或者是陪伴远方拜占庭帝国智商只有 50 的傻皇帝？

难道生在帝王家的女人就真的不能决定自己的命

运吗?

一次偶然的机会,朱迪思遇到了一个叫鲍尔温(Baldwin)的青年。从他们相见的那一刻起,朱迪思那颗早已破碎的心,重新燃起了对未来的希望。

虽然我们不清楚这次相会的细节,但是我想昆曲名段《思凡》里的几句唱词可能多少可以代表朱迪思当时的心境:

他把眼儿瞧着咱,

咱把眼儿觑着他。

他与咱,咱共他,

两下里多牵挂。

冤家,怎能够成就了姻缘,

就死在阎王殿前……

虽然朱迪思认为鲍尔温就是她命中注定的那位白马王子,可是鲍尔温不仅没有白马,也不是王子,甚至连个贵族都不是。一个平民和法国公主之间的差距简直是马里亚纳海沟和珠穆朗玛峰的距离。

但是朱迪思现在管不了那么多了。在弟弟的支持和帮助下,朱迪思于守寡后第二年,即861年的圣诞节,与鲍尔温秘密结婚了。当然这种私定终身,也是要有神父在场主持的,必须得走"I do"这个过场,不是"一拜天地,夫妻对拜"那么简单。

二人成亲后,朱迪思自然是不能再住在修道院了,而男方又没有房子,女方家里肯定也回不去,于是朱迪思带着鲍尔温,跑到了自己的堂兄罗泰凌吉亚国王洛泰尔二世(Lothar Ⅱ)那里——罗泰凌吉亚王国(Lotharingia)避难,那是欧洲中世纪短暂存在的一个小国,在现今法国和德国的交界。

大国公主和平民私奔,这样的事情就算放到现在,也是各大报纸的头版头条,狗仔队至少一年的口粮,更何况是在保守封建的中世纪欧洲。

所以女方家长知道这事后的暴怒程度可想而知。恨女不成钢的秃头查理,对朱迪思和鲍尔温做出了在当时来说最严酷的惩罚——让法国大主教开除两人的教籍。

开除教籍,在基督教里有个专有名词——绝罚。据说绝罚要走一个多少有点儿恐怖的仪式:一名主教立在中央,由12位手持燃烧蜡烛的神父站在四周。当主教喊出绝罚判决时，神父们要将手中的蜡烛丢到地上，并用脚使劲踩灭（感觉像使用黑魔法诅咒人）。

绝罚在宗教上的惩罚意义非同寻常。因为被绝罚之人将无法受到教会施与的救赎，死后是无法上天堂的（当然前提是你得信这套）。

而在世俗层面上，受绝罚者将会落个更加悲惨的下场。绝罚的判决告示会被送往各个教区，张贴出来，上面写明受罚者的名字及处罚的原因（如果秃头查理登出女儿私定终身外加私奔，那告示绝对会成为八卦娱乐报纸）。

从告示登出的那一刻起，任何人不得上受绝罚者家串门，不得与其说话，一起祈祷、进食，不能与其发生任何接触。而违反上述禁令者，也将受到绝罚处分。这么看来，这绝罚可比什么开除国籍、取消户口要狠得多，因为它是带"传染性"的。

当朱迪思得知自己被处以绝罚后，真的坐不住了。她原以为自己的行为顶多是和家庭闹决裂，可是发展到这个程度，等于和整个社会决裂。除非她和老公跑到阿拉伯或者东方的唐朝，否则欧洲这一亩三分地是容不下他们了。

朱迪思当然不会跑那么远,不过她也不能再躲在罗泰凌吉亚,连累自己的堂兄了——此时洛泰尔二世正因为和老婆闹离婚,与教廷的关系非常紧张。于是小夫妻俩一商量,决定去一个地方见一个人,因为只有这个人才能帮助他们。

这个地方就是罗马,这个人就是教皇。

此时的教皇是尼古拉斯一世(Nicolas I),一位致力于维护欧洲各王室婚姻和家庭幸福的居委会大妈式的人物。这里举两个他介入别人家庭争端的例子。

曾经有一位伯爵夫人,一时没把持住,和自己的情人私奔了,然后幡然悔悟,跑回来和伯爵老公和好。人家老公倒是没说什么,毕竟出轨的事,哪个贵族没干过?能回头是岸,这日子还得过不是。

可没想到尼古拉斯一世是皇上不急太监急,不依不饶,一定要惩罚公然出轨私奔的人,坚决开除伯爵夫人的教籍,谁劝都不成。

还有就是前面提到的洛泰尔二世,在外面生了一堆私生子,可自己的老婆就是生不出娃。由于私生子不能继承王位（征服者威廉是个特例），眼见偌大的家业在自己死后面临着被七大叔八大伯瓜分的危险，洛泰尔二世只能想办法让自己的婚姻无效（因为当时不能离婚）。

于是他对自己的发妻各种泼脏水，一会儿说她是女巫，一会儿又诬陷她在婚前就和自己的哥哥乱伦，最后通过运作，在宗教大会上，由神圣罗马帝国的大主教定他们的婚姻无效。

可惜洛泰尔二世忘了至关重要的一点，关于婚姻合法性的最终解释权在教皇而不在大主教。

虽然尼古拉斯一世不是婚姻这座城里的人，可他却是这座城坚定的守门人。不，确切地说，在他心里婚姻不只是一座城，更是一座圣殿。在他任内，婚姻是只能进不能出的单行道，更何况洛泰尔二世的老婆还跑到罗马教廷上访，陈述真相，所以尼古拉斯一世断然地否定了宗教大会的结果。

即便后来洛泰尔二世使出了浑身解数，贿赂、威逼，甚至怂恿自己的哥哥神圣罗马帝国的皇帝路易斯二世（Louis Ⅱ）去攻打罗马，都没能让尼古拉斯一世屈服。

——说得有点远了，不过也正是因为有这么一位教皇，朱迪思和鲍尔温的事情才有了转机。

由于朱迪思公主的身份摆在那里，尼古拉斯一世亲自接待了夫妻俩，而不是让教廷的人去敷衍了事。虽然他们二人结婚没经过家长的同意，但毕竟走了教堂的手续，而且一不是近亲结婚，二没犯重婚罪，受到绝罚的处罚未免太重了。

所以当尼古拉斯一世了解情况后，不仅表示口头上的支持，还亲自给秃头查理写了封信。大致意思说，算了吧，老查，儿女的事就别太生气了，只要他们能过得好就行了，毕竟朱迪思为法兰克的外交事业做出过不小的贡献，这次就让她来一次"我的幸福我做主"吧。

既然教皇都出面了，秃头查理也不得不让大主教收回绝罚的判决，还得极不情愿地承认鲍尔温这个驸马。而且作为法兰克的公主，如果朱迪思就这么嫁给一个白丁，老查理面子上也无光，所以最后好人做到底，干脆给了鲍尔温一块地，封了个伯爵。

不过你要是真认为秃头查理从一个刁钻的老丈人变成了慈祥的好岳父，那就错了。因为秃头查理给他第三任女婿的地盘正是佛兰德斯。

佛兰德斯是个与英法两国都有着很深渊源的地方。而且这里的伯爵似乎有一个癖好，就是爱娶守寡的法国公主。除了朱迪思，后面我们还将看到另一位更有名的法国公主寡妇嫁到了佛兰德斯。

而鲍尔温就是这佛兰德斯的第一任伯爵，在那一亩三分地，以后他也可以被后代尊为鲍尔温一世了（Baldwin Ⅰ Count of Flanders）。不过鲍尔温这"凤凰男"也不是那么好当的，因为当时的佛兰德斯绝对算得上是老少边穷，而且还是"闹维京"的重灾区。

秃头查理的意思就是想借维京人之手干掉这个新姑爷，毕竟自己女儿的两位前夫都没挺过两年，他一个穷小子还能有这攀龙附凤的命？

可是秃头查理这回错了，鲍尔温不仅没有成为抵抗维京人的炮灰，还把佛兰德斯发展成了法兰克帝国的"四小龙"之一。

而且朱迪思和鲍尔温小日子过得特别地春光灿

烂。虽然朱迪思没有给两位韦塞克斯国王留下一儿半女，却一口气给鲍尔温一世生了三个儿子。而两百年后，朱迪思后代中的一位女性成为征服者威廉的王后，并最终通过她将朱迪思的血统传回了不列颠。

好了，讲完朱迪思这位韦塞克斯前王后的故事，让我们再回到不列颠岛上的韦塞克斯。

埃塞尔伯特（Æthelberht）即位后，在其任期内，除了时不时还要和维京人干上两仗，基本还算平静。干了五年的国王后，埃塞尔伯特像他的父兄一样也倒在了工作岗位上，由他的四弟埃塞尔雷德（Æthelred）接过接力棒。

不知道大家看完这段是不是有一种感觉，就是韦塞克斯这几位国王的名字怎么这么乱呀！从埃塞尔伍尔夫（Æthelwulf）到他的四个儿子：老大埃塞尔斯坦（Æthelstan），老二埃塞尔博尔德（Æthelbald），老三埃塞尔伯特（Æthelberht），老四埃塞尔雷德（Æthelred），每个人和他老子一样都用埃塞尔（Æthel）做名字的前缀（这个Æthel在古英语里还是高贵的意思），唯独埃塞尔伍尔夫的五儿子阿尔弗雷德（Alfred），名字里没有高贵的"埃塞尔"。

按照古英语,阿尔弗雷德的意思是聪明的小精灵。可见这个名字充满了父亲对自己老儿子的喜爱之情。可令埃塞尔伍尔夫没想到的是,他那四个"高贵"的儿子,没有一个活得长的,反倒这个聪明的小精灵后来成为一代明君,做了近三十年的国王。

虽然名字都很"高贵",不过老三埃塞尔伯特还是比他继任的四弟埃塞尔雷德幸运得多,因为他死得比较是时候,刚好躲过了史上最凶猛的维京人进攻。

865年,维京人又来了。不过这次绝对是史无前例,不同凡响。历史上对这次维京大军的到来专门有一句话形容,叫Great Heathen Army,如果直译,就是异教徒大军。很明显,这些维京人还信仰北欧原始宗教,而不信基督教。

之所以说这次的维京来袭与众不同,首先是他们在人员结构上发生了变化。这次不仅有丹麦人,他们的好邻居挪威人和瑞典人也参加了——这再次证明了榜样的力量是无穷的,不管是好榜样还是坏榜样。

其次,虽然维京大军的具体人数在史学界一直有所争议，但不可否认的是，这次的规模和以往绝对不是一个数量级。而最重要的是，维京人已经有了更高大上的追求，以前他们都是抢完就跑，打一枪换一个地方，搞搞海上游击战；而现在，他们的新理想就是征服不列颠，最终实现"大西欧维京共荣圈"。

仅有理想还不够，还要有强者来领导。而这帮鱼龙混杂的海盗的领导人就是一个大名鼎鼎的海盗国王拉格纳·洛德布罗克（Ragnar Lodbrok）的三个儿子。洛德布罗克劫掠过巴黎，狠狠地敲诈了秃头查理一大笔赎金。于是在维京人心中，洛德布罗克便成了神一样的英雄人物，并不断地激励着后来者将抢劫进行到底。

可惜出来混，总是要还的。

这个维京的民族英雄临了却没落个好下场，在诺森比亚兵败被俘，最终被诺森比亚国王埃拉（Ælla）扔进蛇堆里，活活咬死。

为了给惨死的老爸报仇，三个海盗头子带领这帮无道德、无文化、无纪律，但有着远大理想的"三无一有"北欧青年，踏着前人走过的足迹，气势汹汹地向不列颠岛的诺森比亚杀来。

867年3月21日,维京人攻陷诺森比亚首都约克（York），屠杀了大量的诺森比亚人。作为报复，他们将埃拉处以一种罕见的叫作"血鹰"的酷刑。这种刑罚的操作过程大致如下：

首先要在受刑者赤裸的后背上用刀刻出一只老鹰的形状，然后从后面把所有肋骨齐根从脊柱上砍下，最后把受刑者的肺掏出来，致其死亡。这是一种本人听说过的最为残忍的欧洲酷刑，很久以前就失传了，因为要保证受刑者坚持到最后才死，实在是不容易。

在给父亲报完仇后，维京头子们在诺森比亚拥立了一个给他们收税的傀儡国王，然后奔向下个目标东盎格利亚。

其实东盎格利亚国王殉道者埃德蒙（Edmund the Martyr，冲这个名字，这位仁兄的结局一定很悲催）之前已经给维京人交过保护费了，可是他不知道这保护费不是一次性收费，而是要年年交的。如果交不起，那就对不起，您吃饭的买卖连同吃饭的家伙就将一起被没收。869年，维京人杀死了殉道者埃德蒙，也在东盎格利亚建立了一个伪政权。

这下,盎格鲁-撒克逊诸王国就只剩下麦西亚和韦塞克斯这两个难兄难弟了。

其实在 868 年的时候,维京人就攻打过麦西亚。麦西亚国王伯格雷德请求他的妹夫韦塞克斯国王埃塞尔雷德出兵相助。本来两边已经拉开架势,要大打出手了,可是伯格雷德又改变了主意,觉得能花钱了的事,最好别大动干戈。于是,他给了维京人一大笔钱;维京人倒也说话算数,拿到钱就离开了麦西亚。结果东盎格利亚就成了替罪羊。

到了 871 年,维京人终于到最南边的韦塞克斯来收保护费了。而埃塞尔雷德的态度很是强硬,一副老子要钱没有,要命一条的架势。可是光有英雄的气概,没有英雄的实力是不行的。从 871 年的 1 月到 3 月的短短两个月里,埃塞尔雷德与维京人接连打了 8 次仗,战绩是 7 败 1 胜,唯一的胜利还是他老弟阿尔弗雷德独自指挥的。

如果是球队,以这样的战绩,主教练无疑得下课。不过埃塞尔雷德也很快就要下课了。871 年 4 月,刚过完复活节，埃塞尔雷德就因在上一次战役中受的伤，不治而亡。

由于埃塞尔雷德死时，他的两个儿子都很小——最大的也不过6岁，而国家在此危难之时，需要年长的国君，于是埃塞尔伍尔夫最小也是最后的儿子，阿尔弗雷德当仁不让地即位了。

按理说，当国王应该是件很高兴的事，可是阿尔弗雷德却怎么也高兴不起来。因为虽然国王的宝座坐起来舒服，但是能不能坐稳就是另一回事了。871年的大环境对他来说，实在是太不利了。英格兰境内的其他几个王国现在要不在乖乖地交着保护费，要不就已经变成了维京人的半殖民地。只有韦塞克斯还在孤军作战，而且是屡战屡败。

搞不好，他阿尔弗雷德很可能成为韦塞克斯的亡国之君。毕竟"土地轮流种，今年到我族"，似乎已经成为不列颠这片土地上，过去一千年里的规律。他们盎格鲁-撒克逊人不也是鸠占鹊巢的外来户，在400年前赶走不列颠人，并占领这里的吗？而在他们到来前400年，罗马人也才刚刚征服这一片土地。

这不禁让我想起了一首辽代的诗,"百尺竿头望九州,前人田土后人收。后人收得休欢喜,更有收人在后头"。这可能就是历史吧!

现在不列颠又到这 400 年一遇的坎儿。韦塞克斯,甚至整个盎格鲁-撒克逊民族能不能过得了,而维京人能不能成为后来的"收人",就看他阿尔弗雷德的了!

8. 千古一帝

874年，阿尔弗雷德的妹夫，麦西亚国王伯格雷德连交保护费的权力也被剥夺了，维京人将他彻底从不列颠驱逐出境，立了一位发誓效忠维京人的麦西亚贵族做国王。而伯格雷德最后作为政治难民在罗马终老一生。

维京人在不到十年的时间里，凭借不列颠岛内交错纵横的水路以及绵延数千公里的海岸线，神出鬼没四处出击，将盎格鲁-撒克逊三王国，即诺森比亚、东盎格利亚和麦西亚彻底征服。

讲到这里，大家可能会问，为什么盎格鲁-撒克逊人当年打不列颠人时那么厉害，自己内斗时也挺生猛，面对维京人就那么不堪一击呢？

其实说句公道话，盎格鲁-撒克逊人的军事素质一点儿也不差。自从来到英格兰这片土地的那天起，战争就成了他们的家常便饭。最开始他们是替雇主卖命，然后是闹翻了和雇主拼命，接着把雇主打得逃命，最后自家兄弟间又互相玩命。

所以这个从无数次战争中摔打出来的民族，无论从哪个角度来讲，都绝对是战斗民族。但问题的关键是，他们缺乏创新意识，抱残守缺，同样的战术战法玩了几百年，就是没玩腻。

要说盎格鲁-撒克逊的战术还是颇有传承的，可以说师从希腊步兵阵和罗马方阵。具体就是士兵列队成行，用近一人高的大盾牌护住身体，形成盾牌墙，往同样有盾牌墙的敌阵冲锋。远了投标枪，近了就动刀子。基本就是硬碰硬，纯粹是力的较量。

这种套路虽然看似简单，但也是很讲究的，要求有很强的组织纪律性和团队协作精神。当年此打法的希腊和罗马这两大鼻祖就是靠着这一招鲜，横扫欧亚非。特别是罗马，曾经将这种战术发挥到极致。当年苏埃托尼乌斯就是用这招，完胜布狄卡领导的不列颠起义军。

可苏埃托尼乌斯那会儿毕竟是 1 世纪，现在都 9 世纪了，如果还不与时俱进，那必将被时代淘汰。这就好比到了 21 世纪，你还玩密集式冲锋，搞人海战术。

当然，维京人没有导弹，不过他们也绝对不会和盎格鲁-撒克逊人玩这一套方阵对决。他们专找敌人的软肋搞奇袭，而且每每得手。

于是盎格鲁-撒克逊人就被打得很郁闷，说你们维京人不按游戏规则玩，不算好汉。而维京人的回答是，俺们压根儿就不是好汉，俺们是来抢劫的，又不是陪你们玩顶牛游戏的，抢了钱得有命花，和你们硬碰硬玩命不值。

几百年后，蒙古人用更加先进的游击战术在东欧的草原上射杀了大量的欧洲重骑兵，包括圣殿骑士团大团长在内的很多著名骑士，还没机会和蒙古人真刀真枪地碰一下，就先被射倒坐骑，从马上摔下，然后被砍了头。

战争是力的较量，更是智的较量。只知道一味用蛮力搞大规模正面冲杀的人，必将死得很惨。只有最后站着的人才是英雄，倒下的也只能被缅怀了，不管他死前站得有多么直。

而现今在英格兰这片土地上,唯一还站着的就是阿尔弗雷德和他的韦塞克斯了。

虽然阿尔弗雷德上任后,韦塞克斯还没倒下,但是境况也实在不容乐观,和维京人的战事胜少败多,还时不时得孝敬维京人些保护费以换取短暂的停火。

然而维京人却总是得寸进尺,屡屡破坏签署的停火条约。经常是说好了,拿到钱马上走人,本年内不会再回来。可是还没到冬天,维京人就以诸如今年用火星历,现在已经是大年初一等的借口,又杀了回来。

特别是维京领导换届后。新上任的古特海姆(Guthrum)十分狡诈,他曾经信誓旦旦地对着他们神圣的戒指(可不是魔戒呀),向北欧的雷神索尔发誓,要和阿尔弗雷德和平共处,双方还交换了人质。结果没多久,古特海姆就杀了所有人质,再次攻击韦塞克斯——估计这个古特海姆是信洛基(Loki)的,就是《复仇者联盟》里的那个反面角色。

盗亦有道,古特海姆真是连强盗都不如呀!阿尔弗雷德除了发出这样的感慨,也没有别的方法。不过如果只是这样停停打打、破财免灾也就罢了,好死不如赖活着嘛!

但是到了 878 年,事情发生了变化。

那一年 1 月初。古特海姆的人马突然出现在韦塞克斯东部的奇彭纳姆(Chippenham)。其实像维京人这种出尔反尔兼神出鬼没的行为,阿尔弗雷德已经见怪不怪了。

但是这次似乎与以往不同,因为古特海姆来的不是别的地方,而是奇彭纳姆。

奇彭纳姆,韦塞克斯的冬都,位于威尔特郡(Wiltshire),是阿尔弗雷德在冬天工作学习、休闲娱乐,以及接待外国友人的地方。当时正好是 1 月,阿尔弗雷德就在奇彭纳姆。

很明显古特海姆不是什么外国友人,或是来给阿尔弗雷德拜年的。不过维京人确实也不是空手来的,因为每人手里都有刀,见到撒克逊人,毫不手软,见者有份。

而阿尔弗雷德万万没料到维京人会直接杀到自己家门口——不,是杀到屋里面。一点儿准备都没有,完全被杀蒙了。最后几乎是光杆司令一个人跑了出来，而且一口气跑到了将近100公里外的萨默塞特平原（Somerset Levels）。

到这时，阿尔弗雷德真的成孤家寡人了，而且又冷又饿，最后他找到一户中年农妇家借宿。可能是怕丢人，阿尔弗雷德并没有透露自己的身份，而那农妇也眼拙，根本就没看出来眼前这个落难的人就是国王。当农妇出去办事时，居然让他们伟大的国王帮着照看火上烤的蛋糕。

于是阿尔弗雷德只好坐在火旁，一边烤火，一边看着蛋糕，慢慢陷入了沉思。他在想这次维京人偷袭的不寻常，时间、地点，以及其下手之快，之狠。这一切绝不是巧合，明摆着是一次定点打击的斩首行动，古特海姆不是冲钱来的，而是冲他阿尔弗雷德的命来的。那这样的话，以后的事就不是能用钱来解决的了。

可是以现在韦塞克斯的情况和维京人的力量，不用钱解决，又能怎么解决呢？到底应该怎么办才能打败维京人呢？怎么办？

"你把蛋糕烤煳了，你知道吗！晚上没饭吃了，怎么办？"正当阿尔弗雷德深思时，一个怒气冲冲的声音在他耳边响起。原来是农妇回来了，发现烤的蛋糕已经成为焦炭，而阿尔弗雷德全然没有注意到。那位农妇愤怒地对着阿尔弗雷德咆哮了半天，可怜的国王自然也无可奈何。

蛋糕烤煳了不要紧，大不了再做一个。眼下阿尔弗雷德要解决的首要问题是从这次惨败中恢复过来，立住脚跟。于是他退守到萨默塞特郡（Somerset）的湿地沼泽地带，在那里建造了一座堡垒。凭着沼泽的地利和堡垒的坚固，古特海姆一时拿他也没有办法。

熬过冬天后，阿尔弗雷德发出动员令，召集附近的汉普郡（Hampshire）、萨默塞特郡和威尔特郡（Wiltshire）所有能动能喘气的郡兵（其实就是自带装备的撒克逊民兵），准备和古特海姆决一死战。

很快，这个决定韦塞克斯甚至是整个英格兰命运的日子就到来了。878年5月的一天，韦塞克斯军队和维京人在奇彭纳姆以南约50公里的埃丁顿（Edington）相遇了。

阿尔弗雷德不出意外地摆出了老套的方阵，搭起了盾牌墙。而此时的古特海姆已经完全被胜利冲昏了头脑,因为此前每次和韦塞克斯人作战,对他来说就像老叟戏顽童,而且就在几个月前,他奇袭了奇彭纳姆,还差点儿抓到阿尔弗雷德。这一切都让他有充足的理由相信,这次无论自己怎么打,都一定能打胜。

如此轻敌令古特海姆犯了一个致命的错误,面对人数占绝对优势的韦塞克斯盾牌墙,他居然指挥人马直接冲过去,和敌人硬碰硬。

这回终于轮到盎格鲁-撒克逊人出口气了,这是一口憋了10年的恶气!维京人出道这么多年,第一次吃了回暴亏,伤亡惨重(不过具体有多惨重,我也没找到可信的数据)。

接着韦塞克斯军队继续发挥痛打落水狗的精神,一路追杀,一直把古特海姆和他的残兵败将撵回了奇彭纳姆。而且这还不算完,阿尔弗雷德下令将奇彭纳姆团团包围,附近的撒克逊老乡也主动把粮食都藏了起来。即便维京人冲出重围打粮,也不可能找到一粒燕麦。

接下来阿尔弗雷德要做的只是等待,他在等维京人断粮后不攻自乱。一天，两天，一个星期，两个星期，古特海姆终于扛不住了。在试过了所有的诸如画饼充饥和望梅止渴这类心理慰藉后，饿得眼睛发绿的古特海姆向阿尔弗雷德乞和。

大家可能会认为这个古特海姆太没出息，才被困两周就受不了了。想想中国古代，在里无粮草，外无救兵的情况下，多少仁人志士苦守危城，力挽狂澜。远的不说，就说距离阿尔弗雷德时代一百多年前的唐朝安史之乱，张巡死守睢阳长达 10 个月，连城里的麻雀和老鼠都被吃光了，最后甚至发展到人吃人的境地。

且不说用吃人的方法坚持守城对不对，总之，古特海姆是没有那种精神境界的。对他这么一个对自己的神发过的誓都能反悔的人来说，能活下来才是最重要的。

所以古特海姆才不会继续饿着肚子，打肿脸充胖子，而是非常低调地向阿尔弗雷德表示，只要放他一马，他立刻交出人质，然后带人退出韦塞克斯，并向北欧的奥丁神、索尔神、洛基神，以及所有十二主神发誓，以后永远不会再来韦塞克斯了。

以前每次遇到停火谈判,都是阿尔弗雷德主动给古特海姆劳军费,还要感谢他每年不辞辛苦地来韦塞克斯替自己向百姓收租子。而古特海姆则摆出一副这次先饶了你小子,老子不高兴了明年还来的架势。所以比起从前,古特海姆这次真的已经姿态很低了。

于是一次对韦塞克斯和维京意义深远的和谈就这么敲定了,会后双方签订了和约,史称韦德摩尔条约(Treaty of Wedmore)。根据条约,阿尔弗雷德不仅保留全部的韦塞克斯领土,而且还得到了麦西亚东部地区,而古特海姆则占据东盎格利亚和麦西亚西部[此时诺森比亚的南部由另一维京首领拉格纳·洛德布罗克的儿子哈夫丹·拉格纳森(Halfdan Ragnarsson)实际控制]。

这次盎格鲁-撒克逊人官方首次承认了丹麦维京人在英格兰东部和北部的统治,所有这些丹麦维京人的占领区在历史上被统称为丹麦法区(Danelaw)。以后的一百多年里,丹麦法区会给阿尔弗雷德和他的后代带来无穷无尽的麻烦。

好了,地盘分完,古特海姆打算回家了。可这时阿尔弗雷德又提出了另外一个非常苛刻的条件：要古特海姆加入基督教，并认他为教父。

这个要求似乎太过分了，要知道，教父也算是一种爹呀！而且阿尔弗雷德和古特海姆年龄还相仿。然而更让人意想不到的是，古特海姆居然答应了。因为此时对于古特海姆来说，什么神呀爹的都不重要，最重要的是自己能赶快平安地离开韦塞克斯。

于是古特海姆带头接受了洗礼，认阿尔弗雷德为教父，并起了一个盎格鲁-撒克逊人的教名埃塞尔斯坦（Athelstan）。巧的是，后来阿尔弗雷德的一个孙子也叫埃塞尔斯坦，于是古特海姆不知不觉地又被降了一辈儿。

其实，阿尔弗雷德让古特海姆入教，并当其教父，并不是想占古特海姆什么便宜或者要当黑手党老大，而是希望古特海姆入教后，能尊重基督教的信条，签了和约就要遵守（估计和约上写了些如果不遵守，就上不了天堂，要下地狱之类的话）。当然，这对古特海姆这种人来说，到底有没有效力，也只有上帝知道了。

此外，阿尔弗雷德也是想约束维京人，以后不要再去抢劫教堂。因为在当时的基督教世界里，教会是最大的财团，拥有大量的土地和财产。教堂里更是豪华无比，祭祀的器皿都是银的，圣像是用金子镀过。而且教堂没有一点儿防御设施，那么大的窗户甚至连个防盗窗都不装，所以对维京人来说，不抢教堂实在太暴殄天物了。

阿尔弗雷德心想既然古特海姆已经入教，以后再出去抢劫，总不能一边念着上帝，一边还从圣像上刮金粉吧？

最后一点考虑就是，以后即便他们再和维京人打仗，由于大家同属一个教门，战争的性质也发生了变化。从以前的基督教和异教徒之间的敌我矛盾，转换成教内兄弟的内部矛盾。这样一来，如果真到了不可开交的时候，教皇还能以老大的身份出来给大家摆和头酒。

总之，让古特海姆入教，对盎格鲁-撒克逊人来说有百利而无一害。

但即便这样，也不能保证以后维京人不再来韦塞克斯。因为阿尔弗雷德心里明白，这次胜利纯属侥幸。

就在埃丁顿之战前不久，一支由拉格纳·洛德布罗克另一个儿子乌拔（Ubba）率领的维京人队伍刚刚在英格兰的德文郡（Devon）被当地民兵全歼，不仅乌拔本人战死，而且一直作为维京象征的海盗大旗也被缴获了。如果当时这支维京人队伍能北上和古特海姆配合，夹击阿尔弗雷德，那战争走势很可能就逆转了。

而且当时维京头领之间由于分赃不均，已经矛盾重重。其他几个头子对古特海姆的人品也颇有微词，没有对他进攻韦塞克斯予以支持。更倒霉的是，在一年前的一次海难中，古特海姆一下子就损失了120艘战船，综合实力大幅削弱，所以这次参加埃丁顿之战的，远不是维京的主力阵容。

虽然这次阿尔弗雷德给维京人来了个黑色三分钟，可人不能总靠运气活着呀！要是维京人卷土重来，怎么办？以古特海姆的人品，谁能保证他不会再次毁约？所以，阿尔弗雷德确定改革刻不容缓，如果再不改，可能就真的要亡国了。

他首先对已有的军事体制进行了大刀阔斧的改革，主要包括以下三项：

第一项就是沿着主要的河流和道路，建立数量众多的军事要塞（Burh）。每个要塞都是深沟高垒，墙内外安置各种消息埋伏，什么翻板、转板、连环板、葬坑、净坑、梅花坑是应有尽有。

这些要塞虽不能说是铜墙铁壁，但要对付缺乏先进攻城设备的维京人的进攻，也算是固若金汤了。而且要塞之间的距离不过几十公里，那真是村与村、镇与镇碉堡连成片。很多这样的要塞日后都发展成了著名的城镇，比如牛津和南安普敦。

在战时，要塞周围半径约24公里内的人都可以躲到要塞里。而在要塞内部，则实行民兵一体制。原本韦塞克斯就有一套战时民兵系统，阿尔弗雷德进一步加强了这支预备役部队，将其变成要塞的常备军。

据后来史学家计算，如果按每5米一段城墙有一人守卫的话，这些要塞大约需要27071人来防守，而这个数字大约是韦塞克斯适龄可参战男子数量的四分之一。

建造维护这些要塞以及这支军队，需要大量的资金。于是阿尔弗雷德又开发了一套类似于物产税的新税制，就是按照拥有土地的多少来交税。

虽然这种税的税率相当高，也没开个听证会就执行了，可韦塞克斯的领主和百姓却没有任何怨言，因为把钱花在保家卫国上，总比向维京人缴保护费和被维京人抢走要强得多。

这种以要塞为依托的民兵联防体系，使后来对维京的战斗情况大为改观。以后，阿尔弗雷德每次从要塞出兵和敌人交锋，不再像以前那样追求你打我一拳，我踢你一脚式的硬碰硬，而是能打就打，打不了就跑回要塞。

敌人就算乘胜追击，面对坚固的城墙，一顿强攻后，也是无可奈何。而等维京人打累，盎格鲁-撒克逊人便再次从要塞里杀出来，打他们个措手不及。从这点上看，阿尔弗雷德可谓深得"敌进我退，敌疲我打"的游击战精髓。

另外，要塞大多扼守水路要道。英格兰境内水系发达，原来维京人可以借此行船深入内陆，令盎格鲁-撒克逊人防不胜防。而现在，维京人就算侥幸抢了东西，要从撒克逊人的眼皮底下毫发无损地溜走基本不可能。因为随便一个小屁孩从要塞塔楼上扔块石头，都能给他们的脑袋开瓢。

阿尔弗雷德的第二项军事改革，就是建立了一支由骑兵组成的快速反应部队。不过这些人并不算真正的骑兵，因为他们只是骑着马赶到战场，然后跳下马像步兵那样作战。

这样依托密集的要塞群，机动部队可以在很短的时间内赶到被维京人围攻的要塞。原来由于援军无法及时赶到，维京人光靠围城断水断粮，常常就能迫使城内守军投降。现在好了，维京人早上刚把一个城给围了，中午援军就能赶到给守军送午饭。然后里外夹击，维京人还没来得及埋锅做饭，就被人家包饺子了。由此可见，阿尔弗雷德玩运动战，也是把好手。

而阿尔弗雷德军事改革的最后一板斧，完全是出于对未来的深谋远虑。他觉得对维京的战争不可能总是这样被动挨打。而维京人之所以能掌握主动，完全是因为他们有数量可观的长船。

为了对抗维京水师，阿尔弗雷德扩大了韦塞克斯皇家海军规模，并效仿古希腊和古罗马战船的设计，建造了比维京人的长船大一倍的舰船。然后没事就带着舰队在英格兰周围海域遛弯儿,打算决战境外。

由于他造的舰船庞大,不如长船那样机动灵活,除了有几次,几艘倒霉的维京长船被拦截,几乎全军覆没外,韦塞克斯的皇家海军基本只是起个震慑作用。虽然实际战果有限,但这种震慑作用也不可小觑。有了这三项军事改革,在以后的几十年里,维京人基本没从阿尔弗雷德和后任的几个国王那里占到什么便宜。

虽然这些改革听上去容易,好像任谁拍拍脑瓜都能想出,做到,可实际做起来还是有相当难度的。

首先,不是谁都能想到改革。盎格鲁-撒克逊那几个被灭掉的国家的领导人,到死都没弄明白为什么打不过维京人;而阿尔弗雷德也是从自己和别人的一次次失败中,摸索出的这套新打法。

更可贵的是,他有动力和胆识去这么做,他能顶住各方的压力去这么做,因为他知道不改革就得亡国。

因循守旧易,改革创新难呀!

不是什么人都有这个能力和魄力的。所以冲这一点,阿尔弗雷德大帝这个称号,就不是浪得虚名。

为了支持军事上的开销,阿尔弗雷德又进行了一系列的政经改革，包括更新币制、发展工商等，整个国家机器都为这场旷日持久的战争飞速地运转着。

而在长达几十年的对维京战争中，地不分南北，人不分老幼，全体盎格鲁-撒克逊人协力抗战，逐渐在人们心里形成了英格兰人（English）和英格兰（England）这个国家的概念。（English 一词源于古英语中的 Anglecynn，意为盎格鲁人；而 England 的古英语为 Englaland，意为盎格鲁人之地。）

当这种民族国家的观念形成后，886 年，阿尔弗雷德便水到渠成地在伦敦正式宣布自己为"全盎格鲁-撒克逊人的国王（不包括沦陷的丹麦法区内的同胞版）"。至此，英格兰国家的雏形始现端倪。而直到四十年后，他的孙子埃塞斯坦（Athelstan）统一英格兰内各国，才成为真正意义的第一位英格兰国王。

成为英格兰"始国王"后，阿尔弗雷德对改革简直上了瘾。在进行过军事和经济改革后，他对法制、外交和教育领域也开始大力革新。

首先在法律方面，作为一代明君，阿尔弗雷德觉得如果不颁布一部以自己名字命名的法典，实在是说不过去。相信此前的汉谟拉比，此后的拿破仑多少也是这么想的。

于是，阿尔弗雷德在890年前后整合了以前盎格鲁-撒克逊各个王国松散的法律法规，颁布了一部长达120章的《阿尔弗雷德法》。法令虽然有些长，但最重要的一项基本原则，被开门见山地写在了最前面，那就是"是爷们儿，说话就得算数"——英文原文：We enjoin, what is most necessary, that each man keep carefully his oath and his pledge。

这话说起来简单，做起来很难。如果每个人都能信守诺言，讲求诚信，那这个社会离真正的和谐也就不远了。

在法令里，阿尔弗雷德还曲解了基督教里"爱人如己"的信条，号召大家爱自己的领袖要像爱自己一样。虽然阿尔弗雷德有点儿不要脸地要求臣民忠于和爱戴他这个国王，但是比起有的人号召人民，爱自己的领袖要胜过爱自己的生命这一情况，阿尔弗雷德还不算太过分。

而后世有那么几个英王同样借用"爱人如己"的

观念，把它发扬光大为"爱人妻如己妻"，并且身体力行，把这种皇恩浩荡普照在英格兰的大地上。

在外交领域，阿尔弗雷德也搞得有声有色。首先，他和教廷一直保持着非常密切的关系。别忘了，当年阿尔弗雷德4岁就出使过罗马，和那里的牧师很熟。所以从他即位起，韦塞克斯和罗马之间的使团和信件就不曾间断，逢年过节或者赶上谁过生日办满月的，双方也没少相互馈赠礼物和卡片。

后来教皇更是爱屋及乌，对住在罗马的所有盎格鲁-撒克逊人实行免税——虽然事实上并没有多少盎格鲁-撒克逊人住在罗马，但这的确给足了阿尔弗雷德面子。

不仅如此，阿尔弗雷德还向中东的耶路撒冷和巴格达，乃至印度地区派出过使团，对于一个远在欧洲西陲，人口不过几十万的小国来说，这个触角算是伸得很长了。

同时，阿尔弗雷德对教育也非常重视。他懂得知识就是力量的道理，并带头抓学习促生产，亲自学习拉丁文，还参与了许多将拉丁文书籍翻译成英文的工作。(由于此前罗马帝国和后来罗马教廷的影响,当时欧洲相当大部分的书籍和几乎全部的宗教经典都是用拉丁文撰写的。)

后来阿尔弗雷德又建立了"宫廷希望小学",让王室和贵族子弟学习文化。这一点对于一直秉承好好学习,天天向上精神的中国古代人来说似乎根本不算什么。因为每一位中国帝王,无论明君昏君;每一个官员,无论清官贪官,几乎都是清一色的大知识分子。可是9世纪的英格兰文盲遍地走。王室贵胄中文盲率之高,适龄儿童入学率之低,就算是新中国成立前的落后地区都望尘莫及。

而这其中最主要的原因就是,欧洲无科举,做官靠世袭。

欧洲中世纪的贵族子弟生下来就是抱着金饭碗的,不用考试,长大了都能成为公务员。男孩子把大部分时间都用来学习格斗和各种与打仗相关的技能,因为战功是晋升受赏的不二途径。很少有人识字和写字,反正那费脑子的活儿有人替他们干,就是私人信件也会有秘书代劳。

据说阿尔弗雷德还创造了一项个人纪录：他是韦塞克斯历史上第一个能识文断字的国王——之前的国王基本都是文盲。

有鉴于此，阿尔弗雷德能创办学校，不管他是为民还是为官，对英格兰的子孙后代都是件大好事。

除了办教育，古今中外的有为帝王还都喜欢干一件事，就是编书。毕竟只有文字才能流传千古，向后人展示他们这些先王的丰功伟绩。

但以当时英格兰那种文化沙漠的状态，想编个《四库全书》或者《太平御览》这类的图书似乎也不太现实。所以对阿尔弗雷德来说，最好的选择就是编部史书。

于是，英国历史上第一部民办官助的纪年体史书《盎格鲁-撒克逊编年史》就此出炉了。之所以说它是民办官助，实在是因为当时的英格兰根本就没有正式的史官，所有这些半官方的历史记录都是由修道院的教士完成的。而作为当时政府的韦塞克斯王庭可以说是这部书最大的赞助商。

《盎格鲁-撒克逊编年史》是纪年体，即按照年份，一年一年地记录历史事件。它最早记载的史实可以追溯到恺撒对不列颠的入侵，而现存最晚的记录一直到1154年，跨度长达一千多年。特别是其对盎格鲁-撒克逊人统治时期记载的完备性是其他同时期的史料无法比拟的。所以，这部史书对英国早期历史研究有着十分重要的价值。

但即使是这样，此书所载史实的可靠性也常常被后世人质疑。这主要是因为，此书初稿完成后，被抄写成很多份分发到英格兰的各个修道院。此后各修道院就负责维护更新自家的版本，现存于世的就达9个版本之多。由于信息不发达和各人的好恶，各个版本间并不兼容，对很多重大历史事件的记录都模糊不清，甚至还自相矛盾。

古代英国史籍与我国的史籍有着很大的区别。我们有"二十四史"的官史，而古代英国却很少有权威性的官方正式史料。大多都是由贵族和僧侣撰写的个人日记，或者像《盎格鲁-撒克逊编年史》这样半官方性质的记录。而且在中世纪的欧洲，很多史书都是以编年史的形式出现的，比如海峡那边的诺曼底也有一部叫《诺曼编年史》（*Noman Chronicles*）的史书。而大多数的传记体史书都局限于对某个历史人物的记载。

直到现在,欧洲人对编年史的形式还特别钟爱,不少魔幻类的文学作品也冠以编年史的名头来吸引读者眼球,比如《纳尼亚传奇》(*The Chronicles of Narnia*)和《奇幻精灵事件簿》(*The Spiderwick Chronicles*),chronicles 的意思就是编年史,而 Spiderwick 干脆就是个人名。所以正确的翻译应该是《纳尼亚编年史》和《斯百德维克编年史》,只不过"奇幻精灵"是没有直译罢了。

到此我已用两大章来写阿尔弗雷德大帝的事迹,因为他在英国历史上的地位实在太重要了。虽然他不是本书主角(因为从严格的意义上讲,他并不算是一个英格兰国王,而是韦塞克斯小朝廷的国王),我也不能将英国秦皇汉武式的人物一笔带过。

但是话说回来,即便阿尔弗雷德是本部书的主角,我恐怕也不能对其有更大篇幅地描述了,因为就算是正牌的英国史学家对他的了解也是知之甚少。

纵观英国史籍,也只有《盎格鲁-撒克逊编年史》和《阿尔弗雷德的一生》这两部作品记载了阿尔弗雷德那些年的那些事,而这两部作品的作者不是他的下属就是他的朋友。所以仅以此两部作品,是无法全面评价阿尔弗雷德其人的。

899年,阿尔弗雷德带着无尽的荣光离开了人世,享年50岁。他留给后人一个强大的韦塞克斯王国和统一英格兰全境的梦想。后来,阿尔弗雷德的儿子长者爱德华(Edward the Elder)和孙子埃塞斯坦(Athelstan)继续开疆辟土,从丹麦人手里一块一块地收复国土。

特别是埃塞斯坦,论能力绝不次于他的祖父阿尔弗雷德大帝。在927年,埃塞斯坦灭掉了维京人在北方建立的最后一个小国约克王国后,终于文成武德,一统英格兰,成为第一位真正意义上的全英格兰人的国王。

从此,韦塞克斯王朝的君主终于可以挺起腰板使用英格兰国王这个名号了,而不用再像他们的先辈那样用些模棱两可的称号(比如埃塞斯坦的祖父阿尔弗雷德用过的"全盎格鲁-撒克逊人的国王",或者埃塞斯坦的祖父的祖父爱格伯特用过的"不列颠之主")。

10年后的937年,埃塞斯坦在布鲁南伯之战中

(Battle of Brunanburh)击败了苏格兰王国、爱尔兰的都柏林维京王国和斯特拉思克莱德王国（Kindom of Strathclyde，位于苏格兰南部和英格兰北部）组成的联军。

在这场被后世史学家称为"盎格鲁-撒克逊历史上，在黑斯廷斯之战以前最大规模的战役"之后，苏格兰王国终于认下了埃塞斯坦这个老大，答应年年进贡，岁岁称臣（虽然没维持多久）。威尔士境内各小国的国主也都接受了英王埃塞斯坦的宗主地位。而此时的国外敌对势力（如霸占爱尔兰的维京人）也不得不承认新生的统一的英格兰。

两年后的939年，埃塞斯坦病逝。他终身未婚，也没有留下一个后代。王位由其异母弟埃德蒙德（Edmund）继承。埃塞斯坦刚一死，维京人又大举杀回，占领了北方的诺森比亚。直到954年，才由埃塞斯坦另一个弟弟埃德雷德（Eadred）再次赶跑维京人，统一英格兰（埃德蒙德死于946年，由其弟埃德雷德继位）。

至此，长达四百多年群雄争霸的七国时代彻底落下帷幕。

让我们简略地回顾一下盎格鲁-撒克逊七国兼并整合为英格兰王国的心路历程：

825年，埃塞克斯的末代国王将国土献给韦塞克斯国王爱格伯特，埃塞克斯灭国。

860年，萨塞克斯正式并入韦塞克斯王国，萨塞克斯灭国。

871年，肯特正式并入韦塞克斯王国，肯特灭国。

918年，韦塞克斯国王长者爱德华从丹麦人手里夺回东盎格利亚，东盎格利亚灭国。

918年，韦塞克斯国王长者爱德华驱逐自己的外甥女，麦西亚的监国，吞并麦西亚，麦西亚灭国。

954年，英格兰国王埃德雷德攻灭诺森比亚的维京人王国，诺森比亚灭国。

从此，生活在不列颠岛中部和南部地区的盎格鲁-撒克逊人对自己的身份有了新的认同，不论此前他们的祖先来自北欧的哪个部落，或者战国七雄的哪个王国，他们现在都可以毫不犹豫而带着自豪地称自己为英格兰人，称他们脚下的这片土地为英格兰。

而此后，无论是英格兰受到外族入侵而易主，还是因为继承问题，请法国人或德国人来当国王，英格兰始终是英格兰，英格兰人也始终是英格兰人。生活在这片土地的人们，再也没有像之前的凯尔特人和罗马不列颠人那样，被驱逐出家园。他们世世代代在这片土地不算肥沃，气候也不太好，但鲜有大的自然灾害的土地上繁衍生息，发展壮大，最终将自己的文明与文化传播到整个世界，并使之成为世界文化的主流。

第三部

风云变幻英格兰

1. 夺妻

10世纪60年代，韦塞克斯王朝统治的英格兰，天下太平。

在国王埃德加（Edgar，忏悔者爱德华的爷爷，长者爱德华的孙子）的任期里，英格兰的对外方针基本是以德服人，no fighting。所以英格兰人民享受了十来年的太平日子。在战火纷飞的中世纪欧洲，这已算不易了。为此，埃德加赢得了一个和平者的外号。

而事实上，埃德加本人并不是一个和平主义者，他不仅曾和自己的哥哥埃德威（Eadwig）争过王位，而且为了一个女人，他还动过刀子。

事情大致是这样的：

埃德加在把自己的老哥盼死后，顺利当上了英格兰国王。一切似乎都很圆满——除了埃德加的婚姻。

继位没几年，埃德加就连着丧偶两次。两位王后都是年纪轻轻就一命呜呼了，只能说她们福薄命浅。于是，埃德加开始寻找自己的真命王后。

不久后，埃德加就听说德文（Devon，英格兰西南部）伯爵奥德加（Ordgar）有个女儿叫艾芙瑞（Elfthryth），年轻漂亮，在全国范围内都是有名的美人。

埃德加心动了，可出于礼数和实际操作上的难度，他是不能去伯爵家里相亲的。但娶老婆是件大事，更何况娶的还是王后，只凭传闻就下聘似乎有点儿不靠谱。万一艾芙瑞不是传闻中的美女，那埃德加的后半辈子一定懊悔不已。

埃德加想到一个自认为很靠谱的办法，去证实这个传闻。而事后证明这个办法很离谱。

埃德加找来自己的死党，东盎格利亚（East Anglia，英格兰东部）伯爵埃塞伍尔德（Ethelwald），让他去一趟德文，看看这个艾芙瑞是不是如传说中的那么美。

因为凭他和埃塞伍尔德一起吃喝嫖赌的经历，埃德加相信他这个宠臣兼朋友，对女人有着和自己一样的品位。如果埃塞伍尔德认为艾芙瑞很美，那她一定也会符合自己的审美。

事实证明，在审美这一点上，埃德加对他的下属还是非常了解的，但是他忘记了更为重要的一点——埃塞伍尔德也是男人，而且还是那种重色轻友的男人。

为了避免代理相亲不成带来的尴尬，埃德加特意安排埃塞伍尔德以公务出差的名义前往德文，还想法子让奥德加发出邀请。所以除了国王和他的亲信，没有人知道这次出行的真实目的。即便相亲不成，也不会损害双方的名誉。

当埃塞伍尔德抵达德文郡，见到艾芙瑞时，她正和父亲奥德加下棋。仅仅从艾芙瑞的一个侧面，埃塞伍尔德就已经意识到她比传说中还要美。不仅如此，她还是个才女。

为什么说是才女呢？别看当时已经是 10 世纪，整个英格兰会下棋的人比稀有动物还少，更别说女人了。当时艾芙瑞下的棋，应该是现代国际象棋的雏形，这种棋最早也要到 9 世纪才从印度经由俄罗斯和北欧传到英格兰。

以当时英格兰的整体国民教育水平来说,能认清棋子的都不多,会上一着两式的就算有能加分的特长了。所以说艾芙瑞会下棋,在当时绝对是个大才女。

绝世美女,大才女,加上豪门富家女,埃塞伍尔德已经被艾芙瑞深深地迷住了。

他没有打断父女的对弈,而是默默地注视着他们。当棋下完时,父女俩才发现客人已经等候多时了。老伯爵赶忙起身招待客人,而艾芙瑞则对埃塞伍尔德报以温柔一笑。

正是这一笑,彻底改变了埃塞伍尔德的一切。为了得到这个笑容的主人,埃塞伍尔德决定撒一个谎。他没有想到的是,为了这个谎言,他会付出生命的代价。

埃塞伍尔德从德文郡回来后,埃德加迫不及待地召见了他,向他询问艾芙瑞的情况。早就有所准备的埃塞伍尔德却故意吞吞吐吐:"艾芙瑞这姑娘吧……怎么说呢……首先吧……家世没的说,人也挺聪明,对了,她还会下棋。就是吧……"

"就是什么,你直说吧!"埃德加有点儿恼火。

"好,这么说吧。陛下,就长相而言,她绝对是那种搁在哪儿,都让人放心的女人。"

这句在选美比赛中,能打碎任何选手成为选美皇后梦想的评语,也同样枪毙了艾芙瑞成为真正王后的机会。

当看到埃德加脸上的失望后,埃塞伍尔德心中燃起了无限的希望。他继续说,可能是因为奥德加位高权重,艾芙瑞又有才,所以人们出于对他们家的羡慕和敬重,夸张了她的美貌。这也在情理之中,毕竟盛名之下,其实难副也是常有的事。不过以她的门第、财富和品德,是完全可以弥补她容貌上的不足的。

这些貌似夸奖而实际是在损人的话,让埃德加彻底放弃了。对一个富有一国的国王来说,埃德加更希望家有艳妻,而不是家有贤妻,或者家有富婆。

在搞定竞争对手埃德加后,埃塞伍尔德拿出把艾芙瑞家当自己家,把艾芙瑞的爸妈当自己爸妈的劲头,开始狂追这位美女。每次去德文,埃塞伍尔德都是大包小包地带着大批的礼物,甜言蜜语地哄着全家上下开心。

不仅如此,埃塞伍尔德还打算再利用一下埃德加,为自己的追女大业添砖加瓦。

埃塞伍尔德向埃德加坦白了自己追求艾芙瑞的想法，希望国王能批准他向艾芙瑞求婚。说虽然她人长得不美，配不上国王，但论其他各方面的条件，配自己这个伯爵是绰绰有余的，而且埃塞伍尔德还表示，他还有些担心女方嫌自己的地位不够显贵，拒绝他的求婚。

配不上自己的女人，却被自己的宠臣当成香饽饽。埃德加的虚荣心着实受用了一把。为了表现自己宽阔的胸怀，埃德加鼓励埃塞伍尔德追求艾芙瑞，还传授给这名属下不少追女的绝招。

后来埃德加干脆好人做到底，在奥德加面前，大加赞扬埃塞伍尔德，说他工作努力，积极向上，很得自己赏识，绝对是日后提干加薪的优先考虑对象。作为上级领导，埃德加认为如果两家联姻，简直就是珠联璧合，般配到不能再般配了。

总之，埃德加没少为埃塞伍尔德美言，但他没有想到的是，他很快就会为这些话而抽自己的嘴巴子了。

本来埃塞伍尔德的自身条件就不错，出身望族名门。他老爸在位时,权倾朝野,甚至得了个"半个国王"(Half King)的外号。年少时,埃塞伍尔德就是那种在英格兰可以摆平一切麻烦的官二代,最近更成了国王眼前的红人,年纪轻轻就出任地方大员。

所以奥德加一家对埃塞伍尔德相当满意,更何况现在国王还亲自来说合,这门婚事自然很快就敲定了。

得到艾芙瑞后,埃塞伍尔德在窃喜之余,不免开始担忧起来。他怕国王最终知道真相,给自己带来灭顶之灾。所以他一直把艾芙瑞留在自己乡下的领地里,从不敢带她到京城露面。

可是酒香不怕巷子深,艾芙瑞无疑是那种在任何地方都掩盖不住光芒的美女。很快,埃塞伍尔德金屋藏娇的事情就传到了埃德加耳中。

此时的埃德加悔恨交加,恨不得把鞋脱了,用来抽自己的嘴巴子。埃德加心说,埃塞伍尔德啊埃塞伍尔德,你也太不仗义了,辜负了我的信任不说,还玩弄和利用我,简直就是赤裸裸的背叛。我也够傻,居然还帮着情敌说好话,这不是自己挖坑,自己往里跳吗?

不过埃德加还是秉着"事不目见耳闻,不可臆断其有无"的科学观,打算亲眼见见艾芙瑞,以免冤枉了好人。可是埃塞伍尔德从来不带老婆出席各种形式的宴会,总是推脱说老婆带不出去,要是去了,非得遭领导和同事笑话。

埃德加不得已,最后决定亲自去趟埃塞伍尔德家,看看这位传说中的艾芙瑞。

埃塞伍尔德自然是百般阻挠,说怕惊了圣驾,担待不起。他越是这么说,埃德加就越疑心。最后,埃德加说,作为一国之君和你们的大媒,就算艾芙瑞再丑,我也要看看她到底是怎样个惊驾之容。

话说到这份儿上,再不让国王去,就是抗旨不遵了。

埃塞伍尔德只得从命,不过他要求给自己一点儿时间,先回家准备准备,以免怠慢了圣驾。埃德加同意了,心想,我倒要看看,这次你还能耍什么花样。

果然,埃塞伍尔德只是想拖延一下时间,他决定再冒一次险。此时的他要么认为埃德加是傻子,要么他自己本身就是个傻子。总之,为了拥有艾芙瑞,埃塞伍尔德情愿永远傻下去,而且马上他就要做一件更傻的事。

匆匆忙忙赶回家的埃塞伍尔德找到老婆,告诉她马上会有一位特别的客人前来造访,希望她千万别穿平时那些艳丽的衣服,要想办法掩饰自己的美貌,最好是怎么埋汰怎么打扮,比如穿上万圣节派对服装什么的。

艾芙瑞是个美人,也是个爱美的人,自然十分不愿意这么做。她一再逼问到底是什么客人来,非得要女主人打扮得跟怪物似的。

埃塞伍尔德没办法,只能说出真相。他说老婆我实在是太爱你了,如今出此下策,也是为了能和你白头偕老,恩爱一生。希望老婆看在夫妻情分上,拉老公一把。只要这次能把国王骗过去,以后饭都是我做,碗都是我刷,你只管计划怎么把钱花。

在知道自己成为王后的梦想,被埃塞伍尔德设计毁掉后,艾芙瑞在心底已经跟面前这个男人恩断义绝了。想想自己倾城倾国的姿色,本可以陪王伴驾,母仪天下,现在却不得不委身一个阴险的小人,被雪藏在这穷乡僻壤,艾芙瑞对埃塞伍尔德和现在的生活开始厌恶起来。

人就是这样,当知道自己本可能过上更好的生活时,即便眼前的一切再幸福,也会变得索然无味。

可是奇怪的是,艾芙瑞居然答应了丈夫的无理要求,并让丈夫放宽心,说自己不会让他失望。

埃塞伍尔德高高兴兴地走了。他不知道,再过一会儿,他会连哭的心都没有。因为他并不了解自己的新婚妻子,不了解她爱慕虚荣和追逐权力胜过一切的一面。

埃德加终于来了,埃塞伍尔德殷勤地招待他的主人,盼望妻子的出现能彻底打消埃德加的怀疑和欲望。而埃德加也热切地期待一睹女主人的真容。

两个各怀心事的男人,望眼欲穿地等待着那个他们命中注定的女人。

这时艾芙瑞出现了,所有在场的人都惊呆了,尤其是埃塞伍尔德。他老婆的确穿了派对服装,只不过不是万圣节的,而是情人节的!

艾芙瑞恨丈夫在国王面前贬低自己的美丽,恨他从国王手里骗走了自己,她把自己最好的状态和最好的珠宝服饰都展现在国王的面前,这就是她对丈夫的最大限度的报复。

而此时的埃德加已经彻底被艾芙瑞征服了。作为国王,他见过不少美丽的女人,但没见过这么美的。

在整个做客的过程中,埃德加的眼睛就没离开过艾芙瑞,而艾芙瑞也对埃德加暗送秋波,百般取悦。席间,两人还时不时地调几句情。

埃塞伍尔德看着眼前的一切,都快气昏了。他在心里默默地问候了自己的丈母娘和丈母娘的老妈很多次。

但有一点让埃塞伍尔德感到庆幸:埃德加并没有当面发难。虽然国王和自己的老婆眉来眼去,但是埃塞伍尔德还抱着这事能善终的幻想,心想大不了以后自己失宠,还回家种地,反正人我已经娶到手,就算你是国王,还能明抢不成?

埃德加当然不会明抢,因为当他看到艾芙瑞的那一刻,他就想好了一个比明抢要高明得多的办法。

埃德加走后,埃塞伍尔德忐忑地等着埃德加发招,可是过了好些日子，都一直没有动静。

这一天，埃塞伍尔德突然受到埃德加的邀请，去皇家猎场打猎。他满心欢喜，认为这场风波已经过去，国王还念旧情，要不怎么又会叫自己一起出去玩？

可是埃塞伍尔德不知道，这回埃德加要玩个大的。

打猎开始没多久，埃德加就叫上了埃塞伍尔德，随他去追赶一只受伤的狼。埃塞伍尔德觉得这是一个弥补自己和国王之间隔阂的好机会，于是很卖力地驱赶着猎狗和坐骑，追赶那头倒霉的狼，希望通过射杀猎物而博得国王的欢心（据说埃德加尤其好杀狼，对英格兰狼群的灭绝做出了"不可磨灭"的贡献）。

埃德加就不急不缓地跟在埃塞伍尔德后面，当埃塞伍尔德瞄准那头狼，准备搭弓放箭时，突然觉得后背一紧，前胸一凉，低头一看，一支利箭的箭头已经从自己的胸前透出。

而这个放冷箭的人，就是埃德加。

此时的埃塞伍尔德终于明白，螳螂捕蝉，黄雀在后。国王真正的猎物不是那头狼，而是自己。

埃塞伍尔德还想挣扎着说些什么，可是他嗓子干涩，胸里发闷，喘不上气，意识渐渐模糊，然后一头栽下马来，永远地沉默了下去。

埃德加纵马赶到情敌的尸体前，啐了一口："跟我玩儿，你还嫩点儿！"

打猎打出人命，死的还是个伯爵，事情似乎不会简单了结。可偏偏它就很简单地了结了。

其实这倒不完全因为埃德加的国王身份。当时的英格兰私斗盛行，即便是杀了人也不一定就非要偿命，开个罚单，交了罚金（可以折合成多少头牛来支付），一般也就没事了。

根据死者身份的不同，罚金也分很多档，就连国王的命都可以用钱来计算，所以生命是无价的这句话，放在当时的英格兰纯粹是无稽之谈。

按当时的法律，干掉国王，也就是弑君，要交三万先令的罚金，不过这个数目实在太大，除了国王，估计没人能交得起。要是刺杀了国王，又交不起罚款，就只能偿命了。

所以基本上讲，国王要安全得多。除非是不想活了，没人会打国王脑袋的主意。

不过像埃塞伍尔德这样的伯爵，命就贱得多，八千先令就能拿下。我算了一下，以那时候的牛价，估计要六七百头牛，这对于一国之君埃德加来说，也算不了什么。

可关键是，有谁敢给国王开这个罚单，而且也没有确凿的证据，证明这不是一场意外。毕竟连躲猫猫都能死人，更别说是打猎了。

于是埃塞伍尔德就这样不明不白地死了，没有家属拦着不让下葬，也没有群众集会要求彻查真相，以至后世很多史学家都不清楚埃塞伍尔德到底是怎么死的。

直到1825年，汉普郡（Hampshire）的一个小领主在情杀现场附近，为埃塞伍尔德立了一块碑，来纪念这位要美人不要命的伯爵，这段历史才重又为人们所关注。

不过近代英国著名历史学家、牛津大学教授爱德华·奥古斯塔斯·弗里曼［Edward Augustus Freeman，他的学生兼女婿亚瑟·埃文斯（Arthur Evans）挖掘发现了米诺斯文明］认为这个情杀故事纯粹是个浪漫野史，是古代史学家给乏味的历史加的佐料。

但国王埃德加的情敌的确死了，国王大人终于可以得到朝思暮想的艾芙瑞了。

964年，埃塞伍尔德尸骨未寒，艾芙瑞就迫不及待地改嫁给埃德加，成为英格兰的王后。

2. 衰落的开始

埃德加娶了艾芙瑞之后心满意足，为了表达自己的爱，他准备给艾芙瑞一项以前所有的英格兰王后都不曾有的殊荣——一顶王后的王冠（在此之前，英格兰的王后都不曾加过冕）。

973年，埃德加与艾芙瑞在英格兰西南部的巴斯（Bath）双双加冕为英格兰国王和王后（埃德加继位多年，都没有走加冕这个形式，基本属于无证上岗）。

加冕典礼前所未有的宏大，很多外国元首和国际友人都到场祝贺。

典礼上有一项特殊的仪式叫受膏，就是由主教在国王和王后的脸上、头上涂抹圣油。这项古老的仪式，可以追溯到公元前的中东希伯来诸王时代（犹太人的上古年间），意在给受膏者引入神圣之力，有时也用来驱魔或者治病。

加冕典礼结束后举行的一项仪式,不仅把整个活动推向了高潮,同时也标志着韦塞克斯王朝的巅峰时刻。八位来自英伦三岛上其他国家的国王向埃德加宣誓效忠(一说是六位或者七位)。

随后,一场盛大的水上游行在英格兰西北部的切斯特(Chester)附近的狄河(River Dee)上隆重上演,其中的重头戏就是,八位国王为埃德加的坐船持桨划船,而埃德加则端坐船上,接受两岸民众类似于"文成武德,一统江湖,西方不败"般的欢呼和致敬。

而此次的加冕典礼也成为日后英王加冕仪式的雏形。

至于到底哪些国王给埃德加当了船夫,一直以来都存在争议。英格兰的历史上说,这些埃德加的小弟包括苏格兰国王肯尼斯二世(Kenneth Ⅱ)、斯特拉思克莱德国王(Kingdom of Strathclyde,斯特拉斯克莱德是不列颠古国之一,在今苏格兰西南部),以及几个不知名的威尔士地区的小国王(当时苏格兰和威尔士地区还没出现大一统的国家)。

而苏格兰却坚称从无此事，苏格兰当时奉行的是独立自主的外交政策，不可能认英格兰当老大。

不管苏格兰的肯尼斯二世是否真的去了，埃德加一朝的盛况在韦塞克斯王朝算是空前绝后。虽然离万国来朝还差得远，但是以英格兰这个当时欧洲西陲岛国的标准来看，这个级别已经相当高了。

事业和爱情双丰收，国王做到这个份儿上，埃德加就是死了，也可以瞑目了。

两年后的975年，年仅32岁的埃德加就到上帝那里述职了。他不知道，他的死同时也标志着自阿尔弗雷德大帝起，将近一个世纪的韦塞克斯王朝的大牛市开始谢幕。王朝以后的日子将是一熊到底，直至成为垃圾股，被从欧洲历史的大市上摘牌。

说到埃德加的死，还是比较突然的，之前也没什么征兆。除了在男女关系上有点作风问题，也没有有关他诸如抽烟、喝酒之类恶习的记录。所以他的英年早逝，不免让人生疑。但是，由于盎格鲁-撒克逊时代英格兰的领导在历史文献记录重要性这一点上的认识不够，所以很多英王的死因都没有被详细记录下来。

不管怎么说，国不可一日无君。但是埃德加并没有立遗嘱，也没做公证。所以在到底谁来当下一届领导人的问题上，在英格兰引起了一场派系斗争。

当时主要的候选人是埃德加的两个儿子。他们的简历大致如下：

爱德华（埃德加长子）

年龄：当时十三四岁，不会超过十六岁（还是因为没有历史记录，所以具体年龄不详）

母亲：有争论。多数人认为是埃德加的前王后麦西亚伯爵的女儿，但也有说法是埃德加和一个修女生的

外号：殉道者爱德华（Edward the Martyr），这个外号兆头不好

工作经验：无

文凭学历：不详

性格：据说脾气大，有暴力倾向，属于问题少年

埃塞雷德（埃德加幼子，忏悔者爱德华的爹）

年龄：往大了说，当时不过八九岁

母亲：王后艾芙瑞

外号：没有准备的埃塞雷德（Ethelred the Unready），至于为什么叫这个外号，以后会解释

工作经验：无

文凭学历：不详

性格：从后来的事实来看，属于软弱无能的那种

两位候选人的经历可以说都是一张白纸。除了年龄和生母不同，唯一的差别就是，一个是暴君的坏子，一个是昏君的苗子。没办法，就这两块材料，英格兰人的好日子快到头了。

即便就是这两个不成材的货，英格兰的权贵为了到底立哪个还差点儿打了内战。

其实，如果按照长子继承的规矩，殉道者爱德华应该继位；可如果按照子以母贵的规矩，埃塞雷德是现任王后的儿子，算是嫡子，应该由他继位。

可关键的问题是，当时的英格兰并没有什么约定俗成的继承传统，子承父业也好，兄终弟及也罢，只要有合法继承权的，都可能当国王。没有指定继承人，那大家就商量着来，谈不拢就打。

相比而言，之前提到的法国卡佩王朝，老王在世

时就给继承人加冕为一字并肩王的做法，基本上还能保证政权的平稳过渡。

而在当时的英格兰，究竟由谁来继位，基本由贤人会议（Witenagemot）说了算。

这个贤人会议就像罗马的元老院，是由早期的盎格鲁-撒克逊的部落民主发展起来的。

早先，一个部落的人数有限，有个大事小情的，村长（部落首领）就召集全村的男人到诸如村头的大树下这种地方开大会，根据大家的意见做出决定。

这种形式的民主，在实际操作上基本是这样的：对于某一提议，如果你同意，你就敲兵器，咣——咣——如果你不同意，你就闹情绪，哦——哦——

所以一般来说，最后哪边动静大，就听哪边的。

后来人多了，部落也合并了，再搞这种凭嗓门大小的全民公决就不现实了，于是演变成由各地权贵和各教区的主教组成的贤人会议来代行民主。

可千万别小看这贤人会议，它的权力非常大，其被称为贤人的会员（Witan），不是只会投赞同或弃权票的牌位，每个人背后都有强大的朋友圈和势力支持。

第三部　风云变幻英格兰

如果贤人不买账,即便是先王指定的继承人,也难顺利登上大宝。

而对于到底是选殉道者爱德华还是埃塞雷德,贤人们的分歧很大。首先,埃塞雷德的支持者包括王后艾芙瑞、温彻斯特(Winchester,当时英格兰的都城)大主教,以及麦西亚(Mercia,位于英格兰中部)伯爵。

拥护殉道者爱德华的主要是宗教领袖,包括坎特伯雷(Canterbury)大主教、约克(York)大主教和伍斯特(Worcester)大主教,还有一位地方实力派不能不提,他就是东盎格利亚伯爵埃塞温(Ethelwine)。

埃塞温是埃塞伍尔德的亲弟弟,当年老哥被埃德加干掉后,他有怒不敢言。现在看到前嫂子和仇人的儿子争王位,埃塞温自然要支持殉道者爱德华,这样多少也算为死去的老哥出口气。

从表面上看,两派的实力大体相当,但是最终在一场差点儿引发内战的争论后,埃塞雷德派还是让步了。原因很简单,有一位英格兰政坛上的超重量级人物出面支持,斗争的天平向殉道者爱德华的方向倾斜了。

这个人叫邓斯坦（Dunstan），是位大主教。

要说英格兰的大主教也不止他一位，关键是，邓斯坦不是别处的大主教，而是坎特伯雷的。

3. 外来的和尚会念经

坎特伯雷，位于英格兰东南部最富庶的肯特郡。这个由于乔叟（Chaucer）的《坎特伯雷故事集》而闻名的城市，其实早在这部小说问世前800年，就因为一个人的到来，而永远地成了英格兰的宗教圣地。

这个人叫奥古斯丁（Augustine），史称坎特伯雷的奥古斯丁。

597年，以奥古斯丁为首的40人传教队伍，受教皇格利高里一世（Gregory I）之命，从罗马到达英格兰东南部英格兰战国七雄之一的肯特王国传教。

其实，基督教原本在罗马统治时期，就已经传入了英格兰地区。但是由于后来入侵并移民英格兰的盎格鲁-撒克逊人本来有自己的偶像派神灵，不买上帝他老人家的账，以致基督教在英格兰一度受到打压。

不过发生在6世纪末的一件小事,触动了后来的教皇格利高里一世,让他决心排除万难,把盎格鲁-撒克逊人拉上基督教这条船。

话说在格利高里一世没当教皇,还只是个教会基层干部的那些年,一次他在罗马城里溜达,当转悠到奴隶市场时,发现当天来了"新货"——几个金发碧眼的男孩,一个个长得那叫一个漂亮。

要知道,位于南欧的罗马人,基本上都是黑色或褐色头发,肤质也不白。看到这些小帅哥,格利高里自然很好奇,就问人贩子这些男孩是从哪里来的。

人贩子瞥了格利高里一世一眼,爱搭不理地答道:"都是从千里之外的英格兰搞来的盎格鲁人(Angle)。"

格利高里一听,心里一动,眼中闪着光,激动地说道:"这哪里是什么盎格鲁人,分明是天使啊!"(They are not Angles, but angels!)他觉得盎格鲁人和基督教有缘,便做出决定,要亲自去英格兰传教。

于是他马上向上级打报告,主动请求去偏远的不列颠岛传教。由于当时格利高里一世是教会重点培养的跨世纪中青年干部，是早晚要接班的人，教会自然舍不得把他下放到蛮族统治地区，于是这事就搁下了。

多年以后，格利高里一世终于成了罗马教皇。为了实现早年的到英格兰传播基督福音的愿望，他派遣一个以奥古斯丁为首的庞大教士团去英格兰传教。

奥古斯丁本来只是罗马一家修道院的院长（Prior），按罗马天主教教阶排，也就是一个中层干部。能受到教皇的钦点，到国外出差，应该是件有无上荣光的事。

可是奥古斯丁却极其不情愿去英格兰。其实这也不难理解，因为在当时，英格兰是全欧洲有名的贫困地区，国民生产总值在发展中国家里都算是垫底的。所以去趟英格兰不仅不是观光，还要自带干粮，甚至有可能得化缘。

受点累吃点苦倒还好说，关键是很有可能免费吃馄饨或是板刀面（看过《水浒传》的，你懂的）。要知道，当时居住在英格兰的盎格鲁-撒克逊人，被欧洲文明人视为蛮族异教徒。那里有七个小国家，一年到头相互攻杀，社会治安也不好。

提起早期基督教传教士对工作的热忱，可以和现在搞洗楼式推销的有一拼。但是做推销这一行，即便对方不买，也不能怎么着。

而传教就不同了，人家要是不信，在某些情况下，双方可能都会有生命危险。基督教早期的圣徒里面有相当大的比例，都是在传教时死掉的——死后就会被封为圣徒。

这次奥古斯丁要去教化的盎格鲁-撒克逊人，信仰日耳曼家乡的神祇已经上千年，给他们推销基督教，搞不好就被人家当成祭品，献给日耳曼的神了。

所以这趟英格兰之旅危险系数很高。但是教皇下的谕旨又不能违抗，奥古斯丁只好硬着头皮带队向英格兰出发。此时的奥古斯丁并不知道，这个使命将彻底改变他的人生，也将彻底地改变英格兰的历史轨迹。

虽说从罗马到英格兰不算太远，直线距离不到两千公里，可传教队伍一路磨磨蹭蹭，走了大半年才从罗马走到巴黎。在中国古代，如果广东举子按这个速度上京赶考，就只能赶下期会试了。

他们之所以走这么慢，是因为一路上听到了许多关于盎格鲁-撒克逊人的恐怖传说，说他们如何野蛮残忍，嗜杀成性，常常把逮到的俘虏吃掉，还要搞十八种吃法。队员一想到抵达后吃馄饨和板刀面都是轻的，搞不好还可能全尸不保，支离破碎地去见上帝，所以到了巴黎的时候，大家的腿都软了，说什么也不再往前。他们聚在一起一商量，决定推举团长奥古斯丁回罗马，面见教皇，请求取消这次西行传教。

这次奥古斯丁倒是没用几天就从巴黎回到了罗马。一见到格利高里一世，奥古斯丁就开始抱怨诉苦，说去英格兰的交通如何不方便，没有陆路，只能坐船，队伍里不少同志又不谙水性，而且晕船。大海无情呀，要是遇上风浪翻了船，估计就得全军覆没。即便龙王爷保佑我们这些信上帝的，最终侥幸到了英格兰，我们和当地人语言不通，根本就没法交流，就更别说传教了。

而且最重要的是，人家本来有信仰，我们去传播基督教，肯定会被定性为反动邪教组织，据说英格兰各级政府对邪教零容忍。以盎格鲁-撒克逊人的那种吃人肉都不吐骨头的野蛮作风，不久后圣徒的名单上又得加上我们 40 个人的名字了。

虽然奥古斯丁使尽浑身解数，极力把这次使命描述成 mission impossible（不可能完成的任务），但格利高里一世始终不为所动。对于奥古斯丁提到的种种困难，他还针对性地一一提出了解决方案。比如交通和语言的问题，可以找法国王后帮忙，她可以提供大型船只以及精通拉丁语和英语的翻译等。

总之，你有来言，我就有去语。格利高里一世是不知道有唐僧西天取经的故事，否则也能搬出来说教奥古斯丁。最后格利高里一世强调，有困难可以找组织，但任务一定要完成，并祝愿上帝与传教队同在。

奥古斯丁没办法，只得沮丧地回到巴黎。队员们一看到他那张哭丧的脸，就知道还得接着干。于是大家抱着必死的决心，在法国王后的帮助下，渡海传教。

事情往往是这样，当你真正豁出去了，秉承脑袋掉了碗大个疤的信念去干一件事，很可能事情反倒异常顺利。

也正所谓"从绝望中寻找希望，人生终将辉煌"。

而奥古斯丁的希望则是法国墨洛温王朝的公主。

这位信仰基督教的公主嫁给了肯特王国的国王（肯特王国位于现今的英格兰东南部）。两人婚前就做了公证，信仰自由。

奥古斯丁到了英格兰后，很快就和肯特王后搭上了线。同为上帝的子民，肯特王后义不容辞地成了基督教在英格兰的形象大使和代言人。

作为代言人老公的肯特国王，第一个被定为发展对象。也不知道是出于支持老婆的工作，还是成天被老婆缠着哄着，总之，国王最后信了上帝。

其实，盎格鲁-撒克逊人原先信仰的日耳曼宗教，和我们之前提到的维京人的信仰非常接近。这些北欧或者日耳曼的宗教都是多神崇拜，比如北欧神话里，光主神就有十二个。除了神以外，还有巨人、精灵、侏儒什么的，整个就是《指环王》的故事背景。

这些宗教本身并不像世界三大宗教那样，具有完备的神学理论体系，主要是以口头或者吟唱的诗歌流传于世，颇有浓厚的原始宗教味道。

像这样一种地方信仰，无论是品牌的影响力，还是信众的忠诚度都无法和实力雄厚、在欧洲占据垄断地位的基督教相提并论。

不过虽然基督教有品牌效应，肯特国王也带头推广，可奥古斯丁的传教还是困难重重。

原因也很简单，本来人家信奉一个神信奉得好好的，不说保佑年年五谷丰登、六畜兴旺吧，盎格鲁-撒克逊人大老远从北欧到英格兰开疆辟土，没有老家众神罩着，能那么顺利吗？你用惯了iPhone，突然让你换安卓机，你都会觉得别扭，更别说是信仰了。

在无数次的碰壁后，奥古斯丁终于得出一个重要结论，那就是基督教要想扎根英格兰，必须因地制宜，结合当地情况，施行本土化。

原来盎格鲁-撒克逊人不习惯去教堂礼拜，奥古斯丁就将过去的神庙或祭祀的地方稍作更改，当地人也不用换地方。

本来宗教的群体礼拜在很大程度上就是一种变相的聚会，现在还是同一个地方，还是那帮乡里乡亲，就上边供着的那位换了，礼拜的方式不一样而已，人们对信仰基督教的抵触情绪自然就大大地降低了。

为了让当地人此后更能接受基督教，在格利高里一世的支持下，奥古斯丁又大胆地保留吸收了不少古老的盎格鲁-撒克逊风俗，比如在基督教的节日里，当地人可以按以往的习惯，杀牲献祭；还有像复活节兔子和复活蛋，这些压根儿和基督复活风马牛不相及的东西都被吸收进了基督教。

由于奥古斯丁的不懈努力，盎格鲁-撒克逊人终于逐渐信奉起基督教。597年，奥古斯丁在肯特国王的资助下，在都城坎特伯雷兴建了坎特伯雷大教堂（最初的建筑在11世纪的大火中被毁，现在的教堂是后建的）。奥古斯丁也被格利高里一世封为第一任坎特伯雷大主教，并在死后封圣（寿终正寝的）。

奥古斯丁到英格兰传教，基本上算是一次公务出差（要说有困难，也是他们想象出来的）。可奥古斯丁对英格兰乃至不列颠基督教的贡献和影响，却非同寻常。

在历史上，奥古斯丁被公认为英格兰的使徒（使徒在基督教中，是类似于先知的负有特殊使命的人）和英格兰教会的缔造者。之后所有继任的坎特伯雷大主教，都被认为是继承了圣奥古斯丁的衣钵。

就算现在，坎特伯雷大主教还是英国普世圣公宗的精神领袖，在 2011 年威廉王子大婚时，担任主婚的就是当时的大主教罗恩·威廉斯（Rowan Williams）。后文我们还会不断看到，坎特伯雷大主教在英格兰重大事件中活跃的身影。

4. 主教是怎样炼成的

坎特伯雷大主教的位子传到第 26 任上,就是我们之前提到的邓斯坦。

要说这位邓斯坦也是一个传奇,关于他的故事甚至可以单写一本书,这里我们大致介绍一下。

909 年,邓斯坦出生在一个贵族家庭,他的一位叔父是第 21 任坎特伯雷大主教,而另一位是温彻斯特主教,所以他本人也算是个"主教二代"。

从和平者埃德加的父兄当政时期,邓斯坦就活跃在英格兰王廷,侍奉了韦塞克斯王朝祖孙三代共 7 位国王,可谓七朝老臣。一是因为他活得长,活到 79 岁(以那个年代的卫生和医疗条件,他绝对算是高寿了);二是这几位国王的平均寿命实在太短。

虽然有家里的老主教罩着,邓斯坦的仕途和僧途却并非一帆风顺。邓斯坦二十几岁的时候，由叔父推荐，在英王埃塞斯坦（Athesltan，埃德加的伯父）的王庭里担任高级公务员。由于根正苗红，外加工作努力，会讨上司欢心，邓斯坦很快就成了国王的红人。如果不出意外，他会顺利地当上最年轻的部长级大臣，然后再锻炼几年，就是首相的苗子了。

可是爬得太快往往不是一件好事，邓斯坦的得宠很快就遭到了同僚的妒忌。他们设计诬陷邓斯坦搞黑魔法——在当时的英格兰玩黑魔法，就跟在汉朝玩巫蛊一样，性质是非常严重的。

好在邓斯坦根基厚，国王只是把他赶出王庭了事。可是嫉恨他的同僚觉得不过瘾，在半路把邓斯坦打了个半死不说，最后还把他扔进了化粪池。

一般来说，重伤下掉进化粪池，基本就没救了。可是风华正茂的邓斯坦怎么也不甘心就这么淹死，硬是凭着坚强的毅力爬了出来。一口气跑到叔父那里躲了起来。没过多久，由于伤口感染，邓斯坦得了一场大病，差点儿去上帝那里报到。

大病初愈的邓斯坦，在与死神又玩了一次亲密接触后，似乎顿悟了，不但削发为教士（中世纪基督教的教士，头顶部要剃光，只留下四周的头发，用以象征基督受难时所戴的荆冠），还搞起了遁世苦行的行为艺术。

要说邓斯坦的修行是行为艺术一点儿也不过分。他在一座教堂的对面盖了一间人在里面都没法直起腰的小屋，将自己关在里面，不是修行，就是搞手工制作和演奏风琴。

其实邓斯坦本人非常多才多艺，他不仅是画家，做过铁匠，还擅长制作银器和珠宝。他死后更成为英格兰金匠和银匠的守护圣人（有些像中国各行的保护神或祖师爷）。

传说有一次，邓斯坦在修行的小屋里弹横琴的时候，魔鬼跑来想引诱他入魔道。邓斯坦很不客气地用烧红的火钳子，夹了这位不速之客的鼻子一下——估计恶魔的鼻子也是肉长的，疼得嗷嗷直叫，痛苦的叫声传到几公里外。

各位一定很奇怪，邓斯坦一个凡人怎么能伤得了魔鬼？其实我也很奇怪，而且更奇怪的是，邓斯坦对魔鬼的肉体伤害还不止这一次。

据说在他当铁匠的时候，一次魔鬼找到他，让他给自己的马加马掌（魔鬼还需要骑马吗？）。可是这位仁兄明显没有"顾客就是上帝"的职业道德，也不知道他使了什么招，居然把马掌钉在了魔鬼的脚上。

魔鬼疼得不得了，苦苦哀求邓斯坦把马掌卸下来。为了让魔鬼深刻记住这个教训，邓斯坦要魔鬼发誓，以后凡是门上悬着马掌的地方都不进入，然后才把马掌卸下。这大概就是后来西方世界里，在门上悬挂所谓幸运马掌传统的由来。

我不清楚为什么魔鬼这么逊，而邓斯坦这么强。英国著名的哲学家和历史学家、无神论者大卫·休谟在他的《英格兰史》中给出的解释是，邓斯坦在小屋里进行的自虐式修行，使他本人产生了幻觉，幻想出这些神迹。

总之，不管你信不信，反正有人信了，而且这些传奇故事很快就传开了。于是新任的英王埃德蒙德一世（Edmund I，和平者埃德加的父亲）重新把邓斯坦召到王庭。

据说后来邓斯坦又展示了一些奇迹，埃德蒙德一世对他彻底信服了，任命他为修道院院长。而此时邓斯坦才刚做一年修道士，完全属于破格提拔。

埃德蒙德一世死后，其弟爱德瑞德（Eadred）即位。邓斯坦更成为王庭里举足轻重的人物，并开始大举对英格兰的教会进行改革。

要说当时的英格兰教会也确实不像话，教内的高级干部卖官鬻爵，对各种教阶的职位明码标价，还常常直接推荐自己的亲属进教会就职，甚至搞世袭，导致很多有志于献身上帝而没有路子的青年怨气很大。

有朋友可能要问了，为什么会有那么多人想去教会混饭吃？要知道在中世纪，教士完全是一个高大上的职业。因为成为一名教士，不仅能有机会挤进权力的中心，而且还有很多油水可捞。

每年教会都能得到政府的定向拨款，来自王室贵族的大量捐献，而且还可以单独征收什一税（即纳税人 10% 的收入）。因此教会拥有大量的土地和不动产，比王室还有钱。如果你来英国旅游，就会发现几乎每个村里都有高大的配有大块彩色玻璃的教堂，那绝对是当地第一号的地标性建筑,很多比宫殿还要雄伟。

教会有钱,教会系统的人自然也都富得流油。不仅如此,英格兰的俗家教士还可以娶妻生子,买房置地。

可是邓斯坦的改革不仅要反腐反贪,还要求教士严格遵守戒律,恢复很久以前的僧侣的禁欲生活,要全心全意地侍奉上帝。

为了达到统一思想、净化队伍的目的,邓斯坦采取了多项措施,这里就不细述了。总之就是,教士的日子从此不好过了,原来各种明的暗的收入都没有了,各种潜规则也都不再适用。

这样的改革受到了保守派势力包括大贵族的强烈阻挠,因为很多世俗教士就出身于贵族家庭。但是连续几任英王和坎特伯雷大主教奥都(Odo)都对邓斯坦予以很大的支持。最终,英格兰的教会得以重塑奥古斯丁时代的清规戒律,大量俗家教士被迫下岗分流。

在英王爱德瑞德在位的九年里,虽然邓斯坦是王庭里炙手可热的人物,行政级别很高,甚至做到了财政大臣,而且领导着全国的宗教改革,但他的教阶一直是修道院院长,在教会系统里也就相当于一个中层干部。

其实，教会曾经两次想任命邓斯坦为主教，可他每次都以国王需要他，他不能离开国王左右为由，拒绝去外地就任。因为邓斯坦知道，虽说自己现在是国王眼里的红人，可一旦离开权力中心——都城温彻斯特（1066年后才迁都伦敦），用不了多久，国王可能就把他淡忘了，到时候政敌再跑到国王面前造谣，搞不好自己会落一个比掉进粪坑还悲惨的下场。

所谓红人，一定要保证在领导面前的高出镜率，除了领导上床睡觉和上厕所的时间，最好有事没事就在领导面前晃悠。

可是没过多久，邓斯坦却突然主动离开了都城，去外地担任主教。不过这次可不是正常的人事调动，而是变相的逃亡。

955年，爱德瑞德驾崩，他的侄子，先王埃德蒙德一世的长子埃德威（Eadwig）即位，邓斯坦也将面临他政治生涯中最大的一次危机。

前面我们讲过，盎格鲁-撒克逊时期的英格兰王位继承，很大程度上取决于贤人会议的意见。这次埃德威能顺利即位，就是贤人会议里贵族的支持。

因此埃德威的王权并不是那么强大，还要看大臣的脸色。按理说，大家应该和和气气，相安无事，可是从埃德威即位的第一天起，满朝文武，特别是邓斯坦就和这位新领导结了仇。

至于这梁子结下的背后还有一段狗血故事。据说埃德威上任那天，当所有的过场仪式都走完后，权贵们应该关起门来，好好研究一下新的领导班子怎么能在接下来的日子里，更好地剥削英格兰人民。可是会议马上开始的时候，大家突然发现一个人不见了，而这位缺席的仁兄居然就是国王埃德威。

身为顾命大臣的奥都和邓斯坦可着急坏了，现在是什么时候，国王还玩儿起失踪了。于是两人开始满王宫里找。

其实埃德威开始是参加会议了，不过后来又溜了出去。因为盎格鲁-撒克逊人的贤人会议场面一般都比较混乱，大家吵吵嚷嚷的，也没有司仪什么的先把领导带到座位上。如果每人手里再有一杯酒，那场面基本就跟酒吧差不多。就是现在的英国议会开会，首相站在那发言,底下议员还常常嘘声不断,总之是缺少些庄严肃穆。

埃德威当时最多不过十六岁,一看这乱哄哄的场面就脑仁儿疼。他新婚不久,又是花季年龄,心想在这里听这帮老古董聒噪,还不如找王后去。

埃德威的王后叫艾芙姬芙(Ælfgifu),据说长得也是花容月貌,和埃德威年纪相仿。豆蔻年华,俊男美女,如胶似漆,那是有课翘课,有会翘会。那种心境哪是奥都和邓斯坦能体会到的!

当两人知道国王在这个关键时刻,居然在和王后贪床笫之欢时,勃然大怒,直接奔向国王的卧室。这里可能会有朋友问了,这深宫大内,就算顾命大臣位高权重,也不能说闯就闯,还直奔卧室吧?

原来这英国国王的宫殿和中国皇帝的皇宫没法比,哪有什么三大殿、东宫、西宫、养心殿那么多说头。基本上要不是一个石头大城堡,就是一栋三四层的楼。当然,埃德威那会儿,连石头城堡都没有,那种创意型建筑要到一百多年后,由征服者威廉引进到英格兰。

当时的王宫也就是个二三层的小楼,一层大厅开会，二层国王睡觉。所以邓斯坦和奥都两人很容易就找到了国王的卧室。门口还没把门的，也没上锁，里头有啥动静，外面听得一清二楚，整个一个大学宿舍的隔音效果和安保标准。

就在这个紧要关头，邓斯坦明显还是年轻气盛了，想都没想推门就进，而奥都既没阻拦，也没跟进去。

要说闯国王或皇帝的卧室，这事儿放在中国古代，没特殊情况，皇帝会让你死一户口本。就算是放在当时还不是中央集权的英格兰，也是不小的罪过。可接下来发生的事，可以让这个大逆不道的罪行完全忽略不计了。

当邓斯坦闯进卧室，看到埃德威正和王后艾芙姬芙耳鬓厮磨，打情骂俏时，作为一个清教徒，作为一个先王托孤的重臣，邓斯坦不仅彻底出离愤怒了，甚至是歇斯底里了。他大骂国王无才无德，荒淫无度，连带着把艾芙姬芙骂得狗血喷头，说她就是一个妓女，只会勾引国王。

国王和王后都被突然闯进来的邓斯坦给骂蒙了，一时没反应过味儿来。而邓斯坦觉得光说说还不过瘾，居然又做出了一个谁也想不到的，冒天下之大不韪的举动。他上前一把抓住埃德威的脖领子（好在还穿着衣服），一下子把国王从被窝里给揪了出来。想想当年邓斯坦把魔鬼都能制得嗷嗷叫，对付一个十几岁的孩子，简直易如反掌。

就这样，邓斯坦几乎是一路把埃德威给揪到会议室的。埃德威像个被老师逮到作弊的小学生，被迫在贤人会议上向各路诸侯承认错误，保证下不为例。那面子真是丢到爪哇国去了。

等贤人会议结束，贵族们都回了自己的封地，邓斯坦开始后怕了。国王再年轻，再没权，也是英格兰的一把手呀。他胆敢让领导当众出丑，领导回头准得让他当众出血。而且他已经隐约听说埃德威恨他恨得牙根痒痒，估计很快就要对他下手了。

果然没过多久，埃德威就派人检查邓斯坦当财政大臣时的账目。要说管着一国的国库和税收，能做到一尘不染，一个子儿都没多拿，这很难得。一场审计风暴过后，埃德威发现邓斯坦管钱这些年，账目出入太大，不是用公款吃喝和公费旅游那种理由能搪塞过去的。

大凡经济问题背后都有政治问题，很明显埃德威是要借机报复。

很快，埃德威要邓斯坦对账目问题解释清楚。可邓斯坦也不含糊，一股脑儿推到先王身上，说以前的一切支出都是按先王指示办的，不信你去问先王。

埃德威当然不能直接问先王，所以干脆就宣布邓斯坦贪污挪用公款。

这下邓斯坦坐不住了，国王已经摊牌，再不跑就真没活路了。于是邓斯坦先跑回自己的修道院躲了起来。

埃德威本来打算就此放邓斯坦一马，毕竟邓院长是顾命大臣，势力很大，支持者和盟友上至坎特伯雷大主教奥都，下至各地的大小领主，如果贸然行事，抓了人又不能妥善处置，到时候杀也不成，放也不成，反成了烫手山芋。再说邓院长跑回了自己的修道院，对于一个信奉基督教的国家，去修道院里抓教士，毕竟不是什么正大光明的事情。

可是一个人很快改变了埃德威的想法，那个人就是王后艾芙姬芙。

很明显，王后对邓院长是恨之入骨。那天他竟敢骂自己是婊子，那好，就让你尝尝婊子的手段。

在艾芙姬芙的怂恿下，国王马上派了一队人马去袭击邓斯坦的修道院，目的很明确，活要见人，死要见尸。

要说邓斯坦还真是命大，这次他又逃过了一劫。不过下一步该怎么办，着实让邓斯坦伤了脑筋。不管跑到哪里，就算有人敢收留他，可普英格兰之天下，莫非王土，万一国王下一个全国通缉令，他就无藏身之处了。

邓斯坦想来想去，最后下定决心走仅剩的一条路，那就是出国。

那年月英格兰是肯定没有海关边检什么的，也不用签证，连有没有边防都不好说。所以只要能跑到海边，搞一条船出海，至少偷渡相当容易。

于是邓斯坦一口气逃过英吉利海峡，跑到了佛兰德斯。

佛兰德斯和法兰西与英格兰都有着很深的渊源，

至少在很长一段时间里，这里都是英格兰异议人士和政治难民的避难所。

其实就收容他国流亡人士这一点，中世纪的欧洲和我们的春秋战国时期非常相似，这样做无非是希望日后有一天，被收容者能重返故国执掌大权。如果他们良心发现，投桃报李，那么原来投入的那点儿食宿费，就能收获十倍百倍的回报，就像买了原始股一样。

时任佛兰德斯当家人的是阿努尔夫一世（Anulf I），他非常热情地接待了邓斯坦，这位英格兰政坛的前重量级人物，把他安排在当地一座历史悠久的修道院进修学习。

此时的邓斯坦已经年近五十，而埃德威还是一花季少年。考虑到两人的年龄差距和彼此之间的仇恨度，如果不出什么意外，邓斯坦剩下的日子很可能就得在流亡中度过了。

然而历史向来是由无数的意外构成，这次自然也不例外。

就在邓斯坦逃到佛兰德斯后的第三年，也就是957年年底，英格兰中部和北方的麦西亚和诺森比亚地区的贵族造反了。"造反派"推举埃德威的弟弟,也就是我们之前提到的和平者埃德加为王,而英格兰南部地区还是继续效忠埃德威。

就这样,英格兰被一分为二,泰晤士河以北归埃德加,以南归埃德威。

泰晤士河由西向东,几乎横贯英格兰南部,是英格兰境内最长的河流。不过即便最长,也不过三百四十六公里,而最宽的地方也就七百多米,基本算不上什么天堑,划着小船就能打过去,和我国历史上划分南北朝的长江的气势相比,简直不是一个档次。

不过,就是这种小门小户以河为界的南北对峙,在英国的历史上还不止一次出现过,虽然每次的时间都不长。

其实原因也很简单,泰晤士河无论从地理位置、战略角度,还是从经济层面,对英格兰实在是太重要了。以它来划分南北最合适不过。

早在1世纪,罗马人就在泰晤士河两岸建起了大量的定居点和堡垒,从那以后,泰晤士河流域开始人丁兴旺,车水马龙。直到现在,泰晤士河沿岸都是英国乃至欧盟范围内最繁荣富裕的地区之一。

英国历史上无数的重大历史事件都是在这条河的岸边发生的。

虽然泰晤士河并没有被冠以英格兰的母亲河这类头衔,但是19世纪末20世纪初的政治家约翰·伯恩斯(John Burns)对这条河有个恰如其分的描述——流淌的历史(Liquid history)。

回过头来再说这次埃德加造他老哥埃德威的反,从种种迹象上看,邓斯坦一直都是幕后黑手之一。因为就在埃德加控制英格兰北部后不久,邓斯坦就被埃德加任命为伍斯特(Worcester,在英格兰西部)主教,这次邓斯坦可没有推辞,很痛快地就去上任了,而且一年之后,他又兼任了伦敦主教,成为双料主教。

当上主教后,邓斯坦并没有歇着,一个更大的阴谋很快就会浮出水面。

就在邓斯坦回英格兰后的第二年,也就是958年年初,坎特伯雷大主教奥都突然宣布国王埃德威和王后艾芙姬芙的婚姻不合法,理由是两人是表兄妹。不过搞笑的是,国王夫妇竟然都不知道他们之间还有这层血缘关系。

其实奥都本来也不知道,但当他看过一本书后,他确信国王和王后肯定是近亲。

这本书是艾芙姬芙的一个哥哥用拉丁文写的编年体自传。这位仁兄很有才,是位历史学家,在自传里,为了炫耀自己的家世,他竟然声称自己是国王埃塞雷德一世(Ethelred I)的曾孙,如果这是真的,当然也就意味着艾芙姬芙是埃塞雷德一世的曾孙女。而这位前国家领导人埃塞雷德一世,是现任国家领导人埃德威的曾祖父阿尔弗雷德大帝的哥哥。

当时的英格兰官方只有一部叫《盎格鲁-撒克逊编年史》的史书,而且版本很多,里面也没有完整的王室子孙图谱。那年头自然也没有出生证明和亲属公证。

再加上此前英格兰打了多年的仗,又是抵御外族入侵,又是对内统一的战争,仅有的少得可怜的档案记录也残缺不全,或者以讹传讹。所以艾芙姬芙的老哥硬往自己脸上贴金,编造自己王室后裔的身份,一时半会儿也无从查起。

不过奥都要的就是这么一个无从查起的证据，毕竟这个证据已经足够拆散国王和王后了。

早先罗马教廷颁布的禁止近亲结婚的规定本来还比较宽松，只要别和大爷、叔叔、舅舅，或姑妈、姨妈的孩子结婚就可以。可后来在9世纪的时候，教廷又修改了规定，新版本更为严格，计算近亲等级的算法也升级了，基本上有一点沾亲带故的都不能结婚。之前提到的法王罗贝尔·卡佩和他表姐伯莎就赶上了这波严打。

其实论起来，埃德威和艾芙姬芙的血缘关系比罗贝尔·卡佩和伯莎的还要远。

那么艾芙姬芙和埃德威到底是什么样的亲戚呢？是不是像她哥哥说的那样呢？

本着将八卦进行到底的精神，我本打算花点儿时间研究一下，结果发现这个在现在看来貌似无从考证的历史问题，其实早已经被攻破了。因为世界上有一些学者几十年如一日地在破解这种游历于知识和八卦边缘的谜团。

根据近代史学研究，一种假设是艾芙姬芙的曾祖母和埃德威的曾祖母是姐妹；另一种说法正如艾芙姬芙的哥哥宣称的那样，她的曾祖父是埃塞雷德一世，所以她和埃德威是同一个高祖父。至于史学家们如何给他们排辈摆家谱，在此就不细说了。不过无论哪种说法，两人有血缘关系是确凿无疑的，不过这种血缘基本游走在五服的边缘。

如果出于优生优育的目的，或者按照最严格的传统标准（如我国某些地方），五服内是不能通婚的。

但这个规定放在欧洲王室的婚姻上，实无必要。因为当时西方统治阶级谈婚论嫁，基本要讲究门当户对，还要从国家利益这个政治高度去选择配偶。因为就算身为一朝人王地主，你也只能娶一个老婆，自然要慎重。所以，本来皇亲贵胄及贵族在欧洲就是稀缺资源，加上基督教搞的一夫一妻制，就算加班加点搞人类自身生产，官二代也是供不应求。

这样一来，夫妻双方想不沾亲带故都难。比如英国女王伊丽莎白二世和她的老公菲利普亲王，如果从女方的父系和男方的母系论，两人的高祖母都是英国女王维多利亚；但如果反过来，从男方的父系和女方的母系论,菲利普亲王比伊丽莎白二世还大着一辈儿,女王应该管她老公叫舅舅。

假如按照中世纪教廷的规定,伊丽莎白二世铁定算是近亲结婚。所以到了后来,大约在13世纪初,近亲禁止通婚的规定实在执行不下去了,教廷只能放宽限制,否则欧洲王室就要绝种了。再后来,只要不太过分,教廷基本就睁一只眼闭一只眼了。

不过在10世纪,这个规定还是执行得有板有眼。所以艾芙姬芙的哥哥不知道,他的这句我祖宗是国王,算是把他的老妹害惨了。

面对奥都控制的英格兰教会的裁决,埃德威没有办法,只能忍痛和艾芙姬芙分手。因为他知道,顺从教会,不过婚姻作废;如果和教会对着干,很可能被开除教籍。到那时,可就不会按照人民内部矛盾处理了,他现在手里的这一半江山也可能保不住。

至于后来艾芙姬芙的遭遇就众说纷纭了,根据11世纪传记作家奥斯本(Osbern)所写的传奇记载,奥都先派人用烧红的烙铁把艾芙姬芙毁了容,以免她再用美貌诱惑埃德威,然后把她流放到偏远的爱尔兰。

第三部 风云变幻英格兰

后来艾芙姬芙养好伤,逃回到英格兰。奥都得知后,干脆一不做,二不休,派人抓住艾芙姬芙,将她折磨至死。

这个故事有些夸张,我实在不敢相信。奥都在宣布两人婚姻无效后的当年6月就病死了,如果奥斯本的记载是真的,艾芙姬芙被毁容后,能快速恢复,跑回英格兰,再被奥都下令杀死,那就太神奇了。

关键是,艾芙姬芙的娘家也不简单,她那个爱炫耀的哥哥,就是英格兰一路有实力的大诸侯。

由此我更相信另外一种说法,即后来艾芙姬芙又平静地生活了很多年。埃德加在位时,因为亲戚关系,没少照顾这个前嫂子加表姐,还赐给她不少领地。艾芙姬芙在10世纪60年代平静地死去,在遗嘱中,她还将自己的大部分财产赠送给了王室,包括埃德加本人。

不管艾芙姬芙最后是哪种结局,对于奥都,乃至这桩离婚案背后的真正主谋邓斯坦来说,都不重要了。因为他们已经达到了政治上的目的。

如果埃德威和艾芙姬芙有儿子,以艾芙姬芙的家世，这个孩子的血统必然很高贵。万一哪天埃德威去世，这个孩子比埃德加更有机会获得贤人会议的支持而继承王位。

所以说，邓斯坦这招实在阴险，先让埃德威没有合法的继承人后代。即便艾芙姬芙怀了孕，因为婚姻无效，生的也是私生子。这算是提前规避了一个潜在隐患。

之后如果埃德威想再婚，也不可能马上找到合适的对象，并且保证生出儿子。而且邓斯坦和埃德加已经不打算再给埃德威留下多少时间了。

在英格兰搞"一国两制"的第三年，即959年的10月，埃德威突然驾崩，死因不明，年仅十九岁。

有一种说法认为，埃德威属于非自然死亡，是被人暗杀了，如果真是这样，估计全英格兰人都知道是谁指使的。不论如何，由于埃德威没有留下合法子嗣，埃德加顺理成章地成了全英格兰之王。

埃德加一上台就提名邓斯坦为坎特伯雷大主教。罗马教廷对此也没有干预，直接通过了。于是，邓斯坦终于坐上了大主教的宝座，由此他也成了英格兰实际上的宰相。

热衷于搞改革的邓主教，就任后进一步推行他的宗教改革，并辅佐埃德加，为英格兰带来了十几年的和平。这段和平对英格兰来说尤其难能可贵。

973年，埃德加和老婆艾芙瑞双双加冕为英格兰国王和王后。这场加冕典礼使埃德加达到了人生的顶峰，邓斯坦也迎来了自己事业的巅峰。

这场大典完全是他一手操办的。此时的英格兰在某种程度上可以说处在王室和教会的共同治理之下，邓斯坦已经成为无冕之王。

不过这一切将在那一天改变。埃德加去世了。

5. 家有狼妈

975年,埃德加突然去世,留下了两个年幼的儿子,殉道者爱德华和埃塞雷德。虽然这两位竞争王位宝座的参赛者水平都不怎么高,但是评委们差点儿为选谁出线而大打出手。

关键时刻,邓斯坦力挺年长的殉道者爱德华。大主教这一表态,令开始十分嚣张的埃塞雷德的生母、太后艾芙瑞偃旗息鼓,暂时服软——只是暂时。

其实,邓斯坦选择殉道者爱德华,并不是看好这孩子,而是他实在太不看好埃塞雷德了。如果让一个不到十岁的孩子当国王,后面再有一个年轻漂亮的寡妇搞垂帘听政,那这个国家就彻底毁了。出于对国家安定的考虑,邓斯坦只能两害相权取其轻。

就这样,殉道者爱德华由邓斯坦亲自加冕,成为英格兰韦塞克斯王朝第九任国王。刚一上任,他就在走背字,正赶上彗星划过英格兰上空。在古时候,无论中西方,彗星出现都不是一个好的兆头。果然,没多久英格兰就发生了大饥荒,然而这只是一系列骚乱的开始。

由于殉道者爱德华自己的位子也不是很稳,更不像他老子埃德加那样铁腕,原来在宗教改革中利益受损、被剥夺了土地的世俗教士和贵族开始反攻倒算,大有拿了我的给我送回来,吃了我的给我吐出来的架势。于是改革既得利益者本笃派(也就是邓斯坦支持的要禁欲修行的那派)开始倒霉了。同时,地方上各路诸侯为了争势力抢地盘,也搞得火药味很浓。

毕竟没有来自王室的强有力支持,面对保守派咄咄逼人的进攻,邓斯坦似乎也没有什么好的办法,为此他还大病了一场。即使是这样,保守势力也不打算放过他。但最终的结果是谁都没有料到的。

终于,世俗教士开始向邓斯坦发难。他们集结了自己的亲友团,到邓主教那里上访,要求他召开宗教会议,公开审理关于归还他们在改革中被没收的土地的案子。邓斯坦这时还生着病，不得不躺在担架上，被抬着去参加会议。

那天，整个贤人会议的贵族都到齐了，一起向邓斯坦施压。邓斯坦实在是没力气和他们辩论，最后只好抛出一句："这事我管不了，让上帝去裁决吧！"

这话听上去像是耍无赖，但随后发生的事就有些匪夷所思了。

他话音刚落，一场严重的事故就发生了。也不知道是因为年久失修，还是屋里人太多，会议大厅的地板突然坍塌了。确切地说，是除了邓斯坦和他的随从站立的部分，其他地方的地板都塌了。

要知道，欧洲古代建筑每层都很高，不是站在椅子上就能摸到天花板的那种。所以掉到楼下去的各位都摔得比较惨。有好几位当场就去见了上帝，另有多人受伤。而且有意思的是，死伤的都是和邓斯坦作对的。

按理说这事就闹大了，毕竟死的都是领导干部，可是没人去调查建筑的质量问题，因为大家都相信，这就是上帝的裁决。

这回保守派算是彻底消停了，大家都认为邓斯坦有上帝撑腰,想遭天谴的才敢跟他叫板。

邓大主教终于可以安心了。可是他没想到一场更大的灾难即将到来,而这次的倒霉蛋竟是国王本人。

自从殉道者爱德华上台以后,艾芙瑞和她儿子埃塞雷德变得很低调——也不能不低调。毕竟孤儿寡母,之前还抢过王位,如果再不夹着尾巴做人,那以后可能连做人的机会都没有了。

而殉道者爱德华还是比较善良的,他从小失去母亲,后来父亲也去世了,艾芙瑞和埃塞雷德就成了他在这个世界上的亲人。以前的不愉快就让它过去吧,毕竟是一家人。出于这种想法,殉道者爱德华给继母和弟弟封了不少领地,分了不少家产。

比起殉道者爱德华的厚道,艾芙瑞后来做的事情就实在不地道了。想想之前,她对自己的前夫都能下狠手,说明她完全够得上"蛇蝎美女"这个称号,她现在没动作,是因为没有机会。不过很快这个机会就来了。

978 年 3 月 18 日,殉道者爱德华突然心血来潮,到多赛特郡(Dorset)去看继母和弟弟。一件惊天大案发生了。

国王殉道者爱德华在艾太后的地盘上离奇死亡,而且是他杀。

关于殉道者爱德华到底是怎么死的,直到现在都众说纷纭,大致有三种说法。

第一种认为,由于国王的脾气不好,常常简单粗暴地对待下属——无论是语言上还是行为上,因此很多人都对他怀恨在心。那天不知为了什么事,埃塞雷德的一个手下和国王发生了争执,可能手下喝高了,或者干脆就是想拥立自己的主子当国王,借机发难把殉道者爱德华捅了。过后艾芙瑞还包庇凶手,让其免于惩罚。

第二种说法更有鼻子有眼。当天殉道者爱德华的到来,受到了艾芙瑞和埃塞雷德隆重而热情的接待,而且似乎热情得有些过头。

殉道者爱德华还没来得及下马,就被迎接他的干部群众给团团围住了,而他的贴身保镖则被远远地挤在人群之外。人们不断亲切地和国王打着招呼,人群中时不时爆发出问候的话。

而艾太后则亲自给殉道者爱德华敬上了一杯蜂蜜

酒。正当国王喝时,人群中埋伏的刺客跳了出来。其中几人抓住了殉道者爱德华的双臂,让他无法反抗,而另一个人手脚麻利地将一把匕首刺进了他的后心。

殉道者爱德华随即从马上跌了下来,他的马则因为受惊落荒而逃,而他的脚还卡在马镫里。曾经至高无上的国王,在震惊的人群面前,被自己的坐骑拖着,很快消失在人们的视野里。此时殉道者爱德华的脑中,闪过的最后念头大概是……这地真是不平呀!

当侍从及大臣赶上并拦住惊马时,国王已经死了。

而第三种说法,则是艾芙瑞动手,杀死了殉道者爱德华。

——不过无论哪种说法,艾芙瑞都脱不了干系。

按理说,刺王杀驾,放到哪个时空都是滔天大罪,可是艾芙瑞最终却没有受到任何处罚,就连凶手本人也逍遥法外。这个看似匪夷所思的结果,其实还是容易理解的。

首先,没有任何确凿的证据证明艾芙瑞就是杀人凶手或幕后主谋,毕竟,仅用有犯罪嫌疑或者犯罪动机去法办太后,在那个年代完全不可行。

而且说实话，英格兰的权贵也不大喜欢殉道者爱德华。这位领导人虽然年纪和本事都不大，可是脾气却不小，动不动为点儿小事发火。他上任这三年，英格兰倒霉事不断，差点儿还爆发内战。尤其让以邓斯坦为首的教会势力失望的是，殉道者爱德华的软弱无能，险些让他们的宗教改革前功尽弃。

其次，如前所说，10世纪的英格兰私斗成风，就算你干掉国王，只要能交得起罚金，按当时的法律也可以不用偿命。如果一件事情能够用钱解决，那就说明这件事不算大。

最后，也是最重要的一点，如果真的抓了艾太后，势必会牵连埃塞雷德。韦塞克斯王室这些年人丁不旺，好几任国王都英年早逝，现在就剩下埃塞雷德这么一根独苗了，若拖他下水，韦塞克斯王朝就可以提前退出历史舞台了。

虽然殉道者爱德华遇刺这件事不曾被官方深究，可是后世的传记作家却没有放过艾芙瑞的意思。他们对她进行了无情的口诛笔伐。而这场谋杀在中世纪的传记文学中，也成了经久不衰的热门话题。经过一代又一代写手的添油加醋和以讹传讹，艾芙瑞终于被塑造成了中世纪邪恶继母的典型。

而作为受害者的殉道者爱德华，却得到了广泛的同情，不仅被描述成受恶毒继母迫害，比白雪公主和灰姑娘还惨的悲剧人物，而且其在宗教领域和精神层面的地位，也被大大提高了。

据说殉道者爱德华死后，关于他显灵的灵异事件就层出不穷。比如，一个双目失明的老太太就住在临时停放殉道者爱德华尸体的棚屋里，在他去世的当晚，老人竟然复明了；还有，在他的坟墓附近，突然涌出了一眼泉水，只要在那里祈祷沐浴，就能包治百病。

更为神奇的是，在三年后的迁坟仪式上，人们竟然发现没穿金缕玉衣，没口含驻颜珠的殉道者爱德华，尸体没有一点儿腐烂的迹象，可以说已经到了肉身不坏的境界。

这在当时的基督教信徒看来，殉道者爱德华绝对够圣人的资格了。于是乎，朝圣者从五湖四海络绎不绝地前去他的坟墓朝拜，最远的甚至从东欧跑来，希望自己的顽疾痊愈。由此看来，在中世纪的欧洲，看病难，求医难也是个普遍存在的问题呀。

到了1008年，也就是殉道者爱德华死后三十年，他的弟弟埃塞雷德也不得不承认自己的老哥真的"成仙"了，并将他的忌日定为全英格兰的宗教节日，而英格兰教会也为其封圣，并将其收入记载基督教殉道者事迹的殉道录，这也是为什么殉道者爱德华会有殉道者这个外号。

我们之前讲过，成为基督教圣人（Saint，也可译为圣徒）的一个必要条件，就是得去见上帝。活人就算再厉害，也是没有评选资格的，所以被提名者无一例外必须是死人。

而在英国的历史上，唯一被罗马教廷封圣的英王却是殉道者爱德华的侄子，埃塞雷德的儿子忏悔者爱德华。

虽然殉道者爱德华没有被教廷正式封圣，算是个山寨圣徒，但是在中世纪的几百年里，他一直是有着众多铁杆粉丝的明星圣人。他的圣骨（即遗体）现在被保存在英国布鲁克伍德（Brookwood）的圣殉道者爱德华东正教教堂。

殉道者爱德华死后，埃塞雷德顺理成章地继承了大统。由于他年纪太小，才十一岁，太后艾芙瑞摄政了五年，直到984年。在儿子正式亲政后，艾芙瑞的生活开始变得平静，再也没惹什么大的风波，她余生很大一部分时间，都在忙着带孙子。

不知是真心向善还是为了忏悔杀害继子的罪过，艾芙瑞后来没少向教会捐钱，还花钱盖了一所修道院。在中世纪捐钱给教会，就跟现在捐钱给慈善机构一样，都能博得一个好名声。所以虽然传记作家把艾芙瑞骂得很惨，但在宗教界看来，她还是一个既虔诚又乐善好施的老太太。

1000年前后，艾芙瑞在自己捐建的修道院里安详地离开了这个世界。这位英格兰前第一夫人曾经迷倒过国王埃德加，害得第一任丈夫埃塞伍尔德丢了性命；也曾经与埃德加一起加冕，接受万民敬拜，成为英格兰历史上第一位加冕的王后；更曾为把自己的儿子推上宝座，双手沾满继子殉道者爱德华的鲜血。

当这一切的一切过去，尘归尘，土归土之后，如果有天堂或地狱，不知道艾芙瑞会怎样去面对她的前夫和继子。

6. 又见维京

经过那场血腥的谋杀后,也不用再搞什么差额选举了,十一岁的埃塞雷德理所当然地成为英格兰国王的唯一候选人。

正如很多英王都有个外号,比如埃塞雷德的老爸埃德加叫和平者,老哥爱德华叫殉道者,后世也给他取了一个外号,没准备好的埃塞雷德(Æthelred the Unready)——很显然,人们对这位国王的评价并不高。如果按中国的谥法给他上个谥号,最合适的莫过于英格兰灵(谥)王,简称英灵王。

不管埃塞雷德对从事国王这项职业是否做好了准备,也不管他的这个王位来得是否正大光明,至少加冕仪式当天,即978年3月31日,大家都喜气洋洋,热烈祝贺埃塞雷德当选下一届英格兰最高领袖。只有一个人除外。

这个人就是一贯喜欢在加冕当天搞风波的邓斯坦，当然这次也不例外。

当埃塞雷德像以往的领导人那样，在仪式上向众人宣誓必忠实执行国王职务，竭尽全力把英格兰建设成中世纪封建主义的样本国家时，邓斯坦居然打断了国王的讲话，开始了自己的长篇大论。

首先他对杀害殉道者爱德华的暴力事件表示了强烈谴责；其次他预言更大的不幸将很快再次降临英格兰；最后他郑重警告埃塞雷德好自为之，要老老实实做人，踏踏实实做事，他会听其言、观其行的。

比起当年对待埃塞雷德的大爷埃德威，邓斯坦这次算是给他留了面子。不过在这么一个举国欢庆的时候，邓斯坦的一席话也彻底把热烈的气氛搞没了。

艾芙瑞心里这叫一个气，心说邓大主教，明天才愚人节，您今天这玩笑是不是开得早了？

可是艾芙瑞娘儿俩却没对邓斯坦做任何追究，在他们看来，只要邓大主教别再说什么"让上帝来裁决"这类的话，他们就烧高香了。

在加冕典礼上发表了一番高论后,邓斯坦知道从此英格兰的王庭再无自己的立足之地。自此,他几乎彻底淡出了英格兰的政治舞台。在邓斯坦人生最后的十年里,他专注于各项公益事业,比如校订书籍,修缮教堂,在教会学校里教书,等等。

988 年 5 月 19 日,坎特伯雷大主教邓斯坦以远超中世纪平均年龄的 79 岁高龄去世。

据说在他死前三天,又有一次神迹出现。一位天使来到他的面前,提前向他下达了死亡通知。也正因如此,邓斯坦能够在最后的弥撒仪式上,从容地向大家宣告自己马上要去见上帝,还给自己找好了墓地。

回顾邓大主教的一生,可谓光辉的一生。他先后侍奉过七位英格兰国王,担任了三十年的坎特伯雷大主教。他降过魔,改过革,打过国王,骂过娘娘。他曾亲手策划了国王埃德威的倒台,将埃德加送上宝座,并代表教廷先后为三位英格兰国王加冕。

在他手里,英格兰的教会重树了往日的清规戒律,酒肉僧侣被扫地出门。在他面前,无论国王还是魔鬼,都敬畏有加。在英格兰,邓大主教可谓人间和魔界通吃的无冕之王。

有的人活着,他已经死了;有的人死了,他还活着。

邓斯坦就是那种死后还活着的人,活在基督徒的心中。邓斯坦前脚刚升天,英格兰人民就把他当成圣徒供了起来。罗马教廷也于1029年将其追认为圣徒,使其成了圣徒正规编制里的一员。

鉴于邓主教光辉的一生,他死后封圣,根本没有任何悬念。而且以他的"道行"和生前种种降魔事迹,如果还活着,那么他在埃塞雷德加冕典礼上预言的那场灾难,可能也不会那么快到来。

991年,邓斯坦死后的第三年,维京人又来了。

几百年来,对英格兰来说,维京就是一种顽疾,总是无法治愈,不断复发,一次比一次严重。

就说这一次吧。其实自从954年,诺森比亚最后的维京国王血斧埃里克(Eric Bloodaxe)被赶跑后,维京人已经消停了二十多年,留在原来丹麦法区的那些维京后代基本都从良了。

可是到了980年,又有个别维京海盗追随着老一代海盗的足迹，再次来到英格兰沿海打劫。对于这种小蟊贼似的骚扰，埃塞雷德根本就没放在心上，真正让他生气的是海峡对岸的诺曼人。

我们之前讲过，法国的诺曼底公国就是维京海盗被招安后建立的。虽然他们不当海盗已有七十年，但是诺曼人致富不忘家乡人。在诺曼底公爵理查一世的支持下（理查一世是征服者威廉的曾祖父），他的维京老乡可以随意使用诺曼底的港口，对英格兰近距离地进行了多波次的打击。

一时间，英格兰和诺曼底的关系剑拔弩张。很快，两国的不和就传到了教廷。作为当时欧洲的最高仲裁机构，教廷维护着各国的和平和均势，有点儿像现在的联合国，甚至比联合国说话还管用。

在教皇约翰十五世（John XV）的斡旋下，英格兰和诺曼底在991年达成互不侵犯的友好承诺，这也是英格兰人第一次和诺曼人发生外交接触。从此以后，这对隔海相望的邻居常来常往，最终诺曼人将会给英格兰深深地打上自己的烙印。

虽然双方都表示要友好，可是诺曼底还是会在背地里不断支持维京人，还时不时地在英吉利海峡和维京人搞个联合军演什么的。对此，英格兰政府表示出强烈的不满和严重的关切，希望诺方能够认真履行两国间的承诺，切实维护英吉利海峡两岸的和平和共同发展。

最后，为了避免同诺曼底的摩擦，让彼此的关系更进一步，埃塞雷德于 1002 年迎娶了理查一世年仅十七岁的女儿艾玛（史称诺曼底的艾玛），这当然是后话。

再回到 991 年，英格兰和诺曼底刚握手言和，维京人就为两国的和平献上了一份"大礼"。

挪威王子奥拉夫·特里格瓦森（Olaf Tryggvason）带领几千海盗，占领了英格兰东海岸一个河口外的小岛，然后派人向当地最高地方长官，埃塞克斯伯爵白瑞德诺斯（Byrhtnoth）索要保护费。

这个白瑞德诺斯可不是一般人，他是王室近亲，论辈分，埃塞雷德得管他叫姨爷爷。面对海盗的讹索，白瑞德诺斯摆出了一副老子要钱没有，要命一条的架势。

特里格瓦森一看老白头这么不上道，那就没什么好说的，只能动手了。不过动手之前，特里格瓦森提出了一个特殊的要求——等他们上岸了再打。

原来，维京人占据的那个小岛，在退潮后和陆地之间有一条很窄的陆地桥相连。此时已经退潮，维京人要想上岸，只能通过那条又湿又滑的陆地桥。如果白瑞德诺斯守住桥的另一端，维京人根本就无法登陆。

按说这么重要的一个地理优势，白伯爵应该无论如何都不能放弃。何况当时他手下除了亲兵，就只有一些仓促召集来的农夫级别的民兵，对付那帮身经百战杀人不眨眼的海盗，完全是菜鸟对大侠。

然而让抱着侥幸心理的特里格瓦森吃惊的是，白瑞德诺斯不仅同意了他的要求，居然还真的等维京人大摇大摆上了岸，列好阵后才开打。

于是，一个英国版的宋襄公就此出现了。

不过宋襄公当年是出于仁义才没有对正在渡泓水的楚国人下黑手，而白伯爵完全是出于"脑袋掉了碗大个疤"式的勇敢。所以他的结局比宋襄公还惨。

两军刚一接触，英军的民兵就都跑了；很快，白瑞德诺斯阵亡；他的亲兵最后以自杀式的冲锋战死殉主。这场史称莫尔登之战（The Battle of Maldon）的战役，以英军全军覆没收场。

虽然后世对白瑞德诺斯的英勇大加赞扬——前些年一位著名的雕刻家还在当初的战场旁为他塑造了一个巨大的铜像，可是这一年白瑞德诺斯鲁莽的勇敢，却让英格兰付出了巨大的代价。

原本在莫尔登之战以前，英格兰王庭对维京人的态度是很强硬的，兵来将挡，水来土掩，都是像白瑞德诺斯那样真刀真枪地干。可是莫尔登之战的惨败，让埃塞雷德彻底失去了斗志，在时任坎特伯雷大主教西格瑞克（Sigeric）的建议下，埃塞雷德决定破财免灾，向特里格瓦森缴纳了一笔1万英镑的保护费。

1万英镑听上去好像并不多，如果按现在的价值，兑换成人民币不过10万元（脱欧后就更不值钱了），连一名留学英国的本科生一年的学费都不够，对于一个国家来说更是沧海一粟。

可是在中世纪的英格兰，1英镑或者叫1盎格鲁-撒克逊镑，可就是1磅重的银子（当时的1磅相当于350克），等价于240枚银便士，绝对是硬通货。这种由盎格鲁-撒克逊七国时代的奥法创立的货币体系，后来一直沿用到16世纪。

当时的1英镑换算成同时代中国宋朝的两（古时1两为现在的37.3克），大约9两，1万英镑就是9万多两。以现在的银价计算，折合人民币2000多万元，而且当时银币的购买力要比现在高得多。

据18世纪的著名历史学家和哲学家大卫·休谟推算，10世纪的1英镑超过18世纪中叶100英镑的购买力。而现在的学者估计当时一个银便士相当于现今10—30英镑的购买力，如果当时有Burberry，买一条围巾也就花十几二十个便士而已。

991年的14年后，也就是1005年，在遥远的东方，大宋王朝与塞北辽国签订了澶渊之盟，此后每年宋朝给辽国上缴的岁币也不过10万两。

因此，对于在国土面积和人口上都远不足北宋1/20的英格兰来说，9万两银子可以说是天文数字了。不过比起英格兰此后交的保护费，这9万两银子也是小巫见大巫了。

据后世史学家统计，在整个维京为患英格兰的

200多年中，维京海盗总共从各个盎格鲁-撒克逊人建立的王国里，抢走和敲诈了大约400吨白银，相当于当时的114万磅，如果折合成中国古时的白银，则超过1000万两。

交了巨额保护费后，满心希望能过上太平日子的埃塞雷德发现自己真心错了，而且错得离谱。因为他明显地忽略了维京人的一个特点——说话不算数。如果他多读读书，就会知道当年他祖爷爷阿尔弗雷德大帝这样伟大的人物，都在这方面吃过大亏。

994年，特里格瓦森用从埃塞雷德那里得到的保护费，招募了一支规模更大的维京舰队，杀向英格兰重镇伦敦（当时英格兰的首都是温彻斯特）。

其实，自从拿了那1万英镑巨款后，特里格瓦森一直没闲着，还在继续抢劫英格兰沿海地区，不过他最终发现这样辛辛苦苦地去抢战利品，远不如收取保护费来钱快。

于是特里格瓦森直接堵在了泰晤士河河口，封锁了英格兰重要的贸易航线。英格兰要想和欧洲大陆做买卖，要么交保护费，要么交过路费。

埃塞雷德没办法，被迫与特里格瓦森签订了不平等条约，内容包括英格兰割让若干土地给维京人居住，开放港口进行贸易通商，赔偿维京人22000英镑（相当于中国的20万两白银）的军费开支，等等。

——历史真的很捉弄人，这个800多年后跑到中国地界上敲诈勒索的国家，居然也曾有这样割地赔款的悲剧一幕。

签完条约，特里格瓦森意犹未尽，顺便在英格兰做了洗礼，加入了基督教。洗礼当天，埃塞雷德参加了观礼，并奉送了大量礼金。特里格瓦森很是感动，表示这次洗礼就算是自己的金盆洗手大会。既然现在大家同属一个教门，他保证以后再也不会跑到英格兰惹麻烦了。

这次特里格瓦森没有食言，他真的没有再回过英格兰。因为不久他就跑回挪威争王位，并在后来的一次维京人内讧中死掉了。

特里格瓦森走后，埃塞雷德如释重负，心想可算是把这位爷送走了。可他不知道的是，后面还有一位更难伺候的爷等着他孝敬呢。

这位爷就是叉子胡斯温——因为他下颌的胡子长得像把叉子,由此得了这个绰号。

或许你没有听说过他,但提起他的父亲,确切地说是他父亲的外号,你一定听说过。

他的父亲是哈拉尔德一世(Harald I)。这位仁兄在位时,统一了丹麦各部,并占据了挪威的部分领土。他平生有一大嗜好,就是爱吃蓝莓,最后吃到牙都变蓝了。

一千年后的20世纪90年代,瑞典的爱立信公司发明了一种近距离数据传输技术,并统一其他各种标准,制定了一个全球化标准。为了纪念哈拉尔德一世这位古代北欧的君主,爱立信公司用他的外号给这项技术冠名,而这个技术就叫蓝牙(Bluetooth)。

作为哈拉尔德一世的儿子,叉子胡斯温继承了丹麦的王位,可是他并不想活在父亲的阴影里,于是他放着国王舒适的生活不过,跟着特里格瓦森一起来英格兰搞副业——抢劫。本来叉子胡斯温和特里格瓦森关系不错,都是道上的朋友,抢劫时一个把风,一个动手,配合得倒也默契。

可是为了争夺挪威王位，叉子胡斯温和特里格瓦森翻了脸，联合另外两个大维京头子，一起干掉了特里格瓦森，然后瓜分了挪威，并兼任挪威国王。

经过这次黑道上的火并，以后收取英格兰保护费的买卖，便被丹麦帮的叉子胡斯温垄断了。

很快，埃塞雷德就发现了叉子胡斯温比特里格瓦森还贪婪，每年不间断地来英格兰收保护费，要不就抢劫，简直把这里当成他自家的菜地了。

光在1002年的春天，埃塞雷德就一次性地向叉子胡斯温缴纳了24000英镑的保护费。

被勒索这么一大笔钱，任谁听上去都心疼——埃塞雷德除外，因为这钱压根儿就不是他出的。极富创新精神的埃塞雷德在英格兰设立了一项特别的税目——丹麦税，专门剥削老百姓，用来给维京老爷们上贡。

很多史学家都认为埃塞雷德这个人内心懦弱，目光短浅，所以才会用这种金钱换和平的手段。不过我认为，这话只说对了一半，埃塞雷德确实懦弱而且短视，但在当时的条件下，花钱买平安可能是英格兰最好的选择。毕竟就连阿尔弗雷德大帝这样的强者都曾给维京上过贡，何况经过埃德加那段和平年代以及殉道者爱德华谋杀案后，英格兰军队的战斗力和士气已经大打折扣了。

反观我国历史，宋辽时的澶渊之盟虽然让北宋每年都得破银不少，却为北宋带来了一百年的和平。再设想一下，如果当年明朝的崇祯能和还叫后金的清朝议和，多给女真人一些好处，然后腾出手来全力对付李自成，那么历史应该另是一番模样。

权宜之计也好，苟且偷安也罢，叉子胡斯温总算暂时地离开了英格兰。而且在1002年，埃塞雷德还迎来了一件大喜事——他又结婚了。

埃塞雷德原本有一位王后，叫艾芙姬芙（这段历史里还有几个艾芙姬芙，都可以组一个同名者联盟了），她尽心竭力地履行着王后的本职工作——生孩子。在17年的时间里，她让埃塞雷德经历了10次产房外的焦急等待和听到婴儿第一声啼哭的喜悦。

可以说，艾芙姬芙的婚后生活基本就是在怀孕和坐月子中度过的，平均每一年半就给英格兰王室的户口本添上一页纸，对于多年来人丁不旺的英格兰王室，可谓做出了突出贡献。而最后她也鞠躬尽瘁，倒在了自己的工作岗位上——死于产后风。

不幸的是，最终艾芙姬芙为埃塞雷德生的六个儿子（也就是忏悔者爱德华的六个同父异母的哥哥），都由于各种原因先后死去了，要不最后也不可能轮到忏悔者爱德华继位。

虽然老婆死了，可是生活还得继续。于是已过而立之年的埃塞雷德又娶了诺曼底公爵理查一世年仅17岁的女儿艾玛。这么做当然也是为了缓和与诺曼底的紧张关系。

艾玛后来也给埃塞雷德生了两子一女，长子就是忏悔者爱德华。不过这段政治婚姻并没有挽救英格兰韦塞克斯王朝的未来，当然这也是后话。

现在维京人走了，自己又娶了一位花季的美王后，埃塞雷德终于可以过几天舒心日子了。可惜好景不长，一场流言毁掉了他的幸福生活，并最终让他彻底抓狂了。

还是在1002年，不知从什么时候开始，坊间流布起一个传言。传言说在英格兰定居的维京人（主要是丹麦籍维京人)即将造反,不仅要推翻韦塞克斯的现政权,占领全英格兰,还要干掉埃塞雷德和他所有的大臣。

本来埃塞雷德就已经被维京人隔三岔五的侵略勒索搞得头都大了,神经非常脆弱,现在又传出这样的流言,不管其可信度有多高,以埃塞雷德现在的精神状态,已经完全相信了。积郁在心头多年的对维京人的仇恨、愤怒、恐惧和耻辱等一系列情感交织在一起,终于在这一刻爆发。埃塞雷德觉得自己突然拥有了前所未有的勇气,于是他下了一个让他痛快一时,却倒霉了一辈子的决定,确切地说是一个命令——"杀胡令"。

1002年11月13日这天,英格兰国王埃塞雷德发布敕令,号召英格兰全体民众对境内的丹麦人实行大小不留的种族灭绝政策。不论任何人,只要杀了丹麦人,不仅不犯法,而且还有赏。

英国历史上第一次大规模的排外运动开始了。

两百年来,由于丹麦维京人对英格兰不断侵略和渗入移民,此时除了西北部传统的丹麦法区外,英格兰的其他地区,比如伦敦、牛津和布里斯托等地,均有不同数量的丹麦移民。这些移民及其后代基本上都已经放下屠刀,就地为民了。

但如今,不管你是良民还是刁民,已经被维京人压迫很久的英格兰人民这次都会挥舞着刀剑,无情地向你砍去。

多年的苦难和屈辱,在杀戮和报复中得到了解脱。可是冲动真的是魔鬼,当埃塞雷德和英格兰人民沉浸在报仇雪恨的快乐中时,更大的苦难和屈辱正悄然降临到他们头上。很快,他们就会为自己的冲动付出惨重代价。

关于在这次史称圣布赖斯日的大屠杀(因为11月13日正好是圣布赖斯日,St Brice's Day)中死亡的丹麦人数量,直到现在也无法说清。不过据后世学者估计,数量应该不会太大,因为这个"杀胡令"执行起来确实有很大难度。毕竟至少在丹麦法区,当地英格兰人还没有力量去组织针对人数众多的丹麦人的屠杀。

不过,不管在这场灾难中有多少丹麦人被杀,有两个非常重要的人是铁定在死亡名单上的。

英格兰西南部德文郡伯爵帕里格·陶克森(Pallig

Tokesen）及其夫人甘希尔德（Gunhilde）。这两位死者还有另外一重身份：丹麦国王叉子胡斯温的妹夫和妹妹。

这回轮到叉子胡斯温愤怒了！

自从年初从埃塞雷德那里敲了一大笔银子后，叉子胡斯温也加入了基督教。既然现在同属一个教门，再动不动就去抢教友，在上帝他老人家那里似乎也不好交代。

当叉子胡斯温正在发愁没有借口再去英格兰敲竹杠时，埃塞雷德居然自己送上一个完美的口实。

叉子胡斯温发誓要以血还血，让埃塞雷德和英格兰人付出更大的代价，否则就不是他蓝牙老爸的儿子蓝牙2.0。

圣布赖斯日大屠杀发生后的第二年，也就是1003年，叉子胡斯温率领大军杀向英格兰复仇，并在随后的十年间，三次大规模入侵英格兰，几乎是三年抢一次，一次抢三年。

而这期间，埃塞雷德就如一位超级散财童子，前前后后一共孝敬了叉子胡斯温84000英镑，相当于80

万两白银。以当时英格兰的人口，几乎是每人一两。

在当时，英格兰并不产银，北部地区的银矿要到100多年后才被大规模开采。所以这84000英镑一交完，英格兰人民那几年就都白干了，GDP几乎都用来交了保护费。不过，如果真的能够花钱消灾，对埃塞雷德来说也是个不错的结局。

可是叉子胡斯温已经厌烦了一次次大老远跑到英格兰提现。每次来取钱，不带个万儿八千人的队伍，再踹"超级提款机"埃塞雷德几脚，他很难拿到钱，而且还有被"吞卡"的风险。这实在太麻烦了，于是他决定直接给韦塞克斯王朝和埃塞雷德来个清户，时间就在1013年。

7. 北海帝国

1013年,丹麦国王叉子胡斯温再次攻入英格兰。与以往不同的是,叉子胡斯温这次来,就不打算回去了。而事实上,他真的再也没有回到丹麦,至少没活着回去。

这次维京人的入侵进行得相当顺利。北方的原丹麦法区的领主率先归降并献上人质。这些人投降叉子胡斯温,一点儿都不奇怪,因为他们本来就是丹麦维京人的后裔。可是让埃塞雷德不能接受的是,英格兰中部和南部的那些地地道道的盎格鲁-撒克逊贵族,贤人会议的成员也都争先恐后地投入叉子胡斯温的怀抱。

我们之前讲过,能进贤人会议的都不是等闲之辈,都是有人有枪的地方实力派。这帮人一倒戈,埃塞雷德基本就成光杆司令了。

其实细想，这些贤人甘当"英奸"也有苦衷，谁让你埃塞雷德没能力保家卫国，还不断地征丹麦税，给维京人交保护费？英格兰的贵族等于交了双倍的税款，还不如抛弃中间环节，直接交一份给叉子胡斯温呢！所以，叉子胡斯温几乎没遇到多大的抵抗，在很短的时间里就迅速横扫了整个英格兰。

这里介绍一下英国的地理。看世界地图不难发现，整个不列颠岛的形状和大小与我国的陕西省相似，基本都是钥匙形，钥匙齿朝向都一样向西，而且面积都是约20万平方公里，甚至从南到北最长的距离，和从东到西最宽的距离都很相近，分别都是1000公里和500公里。不同的是，不列颠岛是天然形成的，而陕西省是行政区划分出来的。

再看英国南部的英格兰地区，南北最长不过640公里，从叉子胡斯温此次登陆的约克地区，到韦塞克斯王朝的首都温彻斯特直线距离才300多公里，差不多相当于从陕西的延安到西安的距离，坐高铁不到两个半小时。

所以还没等埃塞雷德缓过神来，叉子胡斯温已经打到眼前了。

埃塞雷德也看出来，今年维京人这架势不像是来收保护费，倒像是搞突击，要把生产工具一并给收了。所以他快速反应，带着老婆艾玛和两个小儿子，仓皇地跑到了老婆的娘家诺曼底去避风头。

叉子胡斯温一看埃塞雷德跑了，索性于1013年圣诞节那天，加冕为英格兰国王，在英格兰开创了丹麦王朝，并且成为丹麦、挪威和英格兰的三料国王。

虽然叉子胡斯温选择了耶稣降生的吉日加冕，可是还没等他把英格兰国王的宝座捂热，就在第二年的2月3日去见上帝了。前后仅当了40天的英格兰国王。

他这一死，英格兰的各派势力立刻陷入群龙无首的局面。维京人的反应还算快，留在丹麦的叉子胡斯温的长子哈拉尔德继承了丹麦王位，史称哈拉尔德二世。而英格兰的维京人和北部丹麦法区则公推一起来英格兰的叉子胡斯温的小儿子克努特为王。

正是这位克努特，将成为继阿尔弗雷德大帝之后，英国历史上第二个也是最后一个被称为大帝的国王。

现在终于轮到投降叉子胡斯温的那帮贤人郁闷

了。本来刚把老领导埃塞雷德赶跑，还没来得及将新领导的兴趣爱好摸清楚，他就与世长辞了。如果去投靠乳臭未干的克努特，似乎有点儿不靠谱，毕竟丹麦维京人内部也是两王并立。想来想去，只能厚着脸皮再把老领导埃塞雷德请回来。而事后证明，这回贤人会议的二选一押注又押错了。

为了保证不被秋后算账，贤人会议要求埃塞雷德先和他们签个合同才能复位。而且合同的内容相当苛刻，不仅包括对所有贵族的背叛行为既往不咎，还要求国王要按他们的意志对英格兰进行改革。

虽然没有哪个工会组织能保障埃塞雷德复职以后的权益，可是失业的痛苦滋味，还是让这位前国王很不情愿地在这份合同上签了字。

后世的史学家对这份合同的意义评价甚高，认为这是英国有记录以来，最早的国王与臣属之间的契约。这份契约部分地限制了王权，多少带有些现代宪政民主的影子。

埃塞雷德复位后，很快就将克努特赶出了英格兰。可惜好景不长，克努特在第二年，即 1015 年又杀了回来。

根据北欧传奇记载，克努特相貌堂堂，不仅生得高大威武，还有一双泛着睿智光芒的漂亮眼睛，绝对对得起高富帅的帅字。五官上唯一的缺陷就是鼻子又高又窄，而且还有鹰钩。根据中国的面相学，拥有鹰钩鼻的人多以自我为中心，性格上有点儿小阴险。不过克努特以后的所作所为还真多少应验了这种说法。

这次克努特从丹麦的亲哥哥、瑞典和挪威的继兄弟以及波兰的舅舅那里东拼西凑，集结了200艘长船，1万人马。虽然听上去并不多，可当时整个英格兰的人口也不过100万左右，况且这些人还都是身经百战的维京海盗。

克努特采用了不同于他父亲的战略，不是从北边自上而下，而是先南后北，直接在相当于当时英格兰直隶的韦塞克斯登陆。很快，贤人会议的不少贵族再一次抛弃了埃塞雷德，投向克努特的怀抱，其中还包括埃塞雷德的女婿麦西亚伯爵埃卓克（Eadric）。

正当克努特打得顺风顺水，马上就要攻克英格兰二号城市伦敦时，遇到了他一生中最大的敌人。这个人叫埃德蒙德（Edmund），他还有一个响亮的绰号——铁人（Ironside）。

铁人埃德蒙德是埃塞雷德和前妻所生的第三子。当埃德蒙德跑到诺曼底时，他留在了英格兰，坚持抵抗叉子胡斯温，在英格兰的抵抗派中相当有威望。

虽然克努特拥有强悍的维京海盗和人数众多的英格兰伪军，但在铁人埃德蒙德那里，这位后来的大帝并没有占到任何便宜，甚至还吃了几次败仗。于是，克努特不得不暂时放弃围攻伦敦，转而北上平定英格兰其他地方。

就在此时，不到50岁的埃塞雷德终于撑不住病倒了。他当了近40年的英格兰国王，几乎没过几天安稳的日子。

前期是生活在背负杀害哥哥殉道者爱德华的嫌疑的阴影里，后来又年年闹维京，自己还被赶下过王位。再加上最近几年，他8个儿子中的4个（包括长子和次子）先后去世。内忧外患，以及白发人送黑发人的痛苦，埃塞雷德终于油尽灯枯了。

1016年4月23日晚，这位不太称职的国王终于卸下了原本对他来说太过沉重的担子，撒手人寰了，并留给他的后人一堆烂摊子。

作为埃塞雷德健在的最年长的儿子，铁人埃德蒙德接下了英格兰国王这根接力棒，开始收拾这片破碎的山河。

不过他刚继位，就有人送上一份大礼。之前投靠克努特的妹夫埃卓克居然反正，要重回盎格鲁-撒克逊人的阵营。虽然此前埃卓克在"伪军"里是最活跃的，打起自己人来比当初打维京人还玩命。可现在，无论是站在民族大义的立场，还是亲情的立场，宽恕和收留埃卓克，对铁人埃德蒙德的中兴大业以及家族的凝聚力都是大有好处的。

令铁人埃德蒙德万万想不到的是，正是埃卓克，彻底断送了他光复整个英格兰的梦想。

1016年10月18日，铁人埃德蒙德率领的盎格鲁-撒克逊军队与克努特的维京入侵者在埃塞克斯的阿森登（Assandun）相遇。一场史称阿森登之战（Battle of Assandun）并最终决定英格兰未来几十年走向的战役打响了。

正当双方打得难解难分时,克努特埋在铁人埃德蒙德身边的定时炸弹,终于爆炸了。

如《盎格鲁-撒克逊编年史》中描述的那样,埃卓克在关键时刻背叛了自己的君主和全体英格兰人民,带着队伍一枪没放就离开了战场,将英军的侧翼完全暴露给维京人,直接导致英军全线崩溃。

因此,铁人埃德蒙德不得不带着残部向西撤退,克努特则一路紧追不舍。最后,铁人埃德蒙德撤到了当年阿尔弗雷德大帝兵败后东山再起的韦塞克斯西部,当他正打算号召老根据地的人民,再联合威尔士人做最后一搏时,突然收到了克努特伸来的橄榄枝。

克努特深知,虽然自己占据了上风,可是想一口吃掉铁人埃德蒙德也实在不容易,而且即便能吃掉,英格兰这块大肥肉也会导致他胃酸急剧上升,搞不好还得吐出来。

结果又是埃卓克出来,建议两家和谈。

和谈进行得很顺利,双方同意以泰晤士河为界将英格兰一分为二,克努特控制北部,埃德蒙德则占有南部的韦塞克斯以及泰晤士河北岸的伦敦城。而且和约里还有一条特别的条款,即如果克努特和铁人埃德蒙德中任何一方先死,则另一方就可以跨过死者的直系亲属,继承其全部领土。

这一条款虽然听上去奇葩,但是在奇葩故事一箩筐的中世纪也不怎么稀奇。之前和平者埃德加和他的哥哥埃德怀,以及后来克努特的儿子与另一位维京头子,都签过类似的和约。既然双方在战场上势均力敌,那么就只能看谁的命硬,能活到最后了。

没过多久,这场赌命硬的游戏就见分晓了。因为和约签订后不到一个月,铁人埃德蒙德就于1016年11月30日暴亡了。而此时铁人埃德蒙德正值壮年,身体倍儿棒,猝死的概率几乎为零。所以他有可能是被克努特或其手下派人暗杀的(当然,也有一种说法是战后伤重而亡)。

不管铁人埃德蒙德到底是怎么死的,和约的条款里并没有说,当事人一定要自然死亡,继承才能有效。

于是,克努特按约定接管了英格兰的另一半江山,并于1016年的圣诞节加冕为英格兰国王。三年前,他的老爸叉子胡斯温也是在同一天加冕为英王的,不过仅在位 40 天，而作为蓝牙 3.0 的克努特明显比他老爸命硬。

在举行了登基大典，正式成为英格兰的最高领导人后，克努特做的第一件事就是论功行赏。从北欧跟过来的老弟兄自然是不能亏待，愿意留在英格兰的都加官晋爵，分封领地；想回老家的，每个人都得到了一份八辈子都花不完的遣散费，为此克努特又在全国征收了 72000 英镑的特别税（相当于白银近 70 万两）。

封赏完了那些"从龙入关"的嫡系后，就轮到"顺应天意弃暗投明"的本土盎格鲁-撒克逊贵族了。埃卓克这个铁杆"英奸"，此时不免有些激动，心想，要不是自己当初在阿森登之战中撤埃德蒙德的梯子，后来又促成两家和谈，恐怕克努特现在都被赶回老家喝西北风了。说自己对丹麦王朝有再造之功也不为过！

正当他美滋滋地幻想自己可能得到什么赏赐时，克努特突然下令将以埃卓克为首的几位盎格鲁-撒克逊贵族逮捕，理由是他们在英格兰和丹麦的战争中观望骑墙，左右摇摆，并对自己原来的君主埃塞雷德和铁人埃德蒙德父子不忠。

对埃卓克来说，这无异于晴天霹雳，可他除了悔恨自己"明珠暗投"外，也无计可施。1017年，又是在圣诞节，克努特下令处死了这几个贰臣。埃卓克这个"英奸"最后的下场，是被克努特用斧子砍下了脑袋，暴尸郊外，脑袋还被插在城头最高处示众，以警告大家要忠于自己的主子（当然现在是指忠于克努特本人）。

接着，克努特又在铁人埃德蒙德的忌日继续作秀，亲自为其扫墓，并献上自己所穿的孔雀大氅作为祭品。对死去的敌人表示敬意，非但没有任何坏处，还能收买韦塞克斯王朝遗老遗少的人心，但是对活着的潜在敌人，克努特可就不会手软了。

首当其冲的便是埃塞雷德成年的儿子中，唯一幸存的第五子埃德威阿赛林（Eadwig Etheling）。克努特找了借口，毫不留情地把这位前朝王子除掉了。然后是铁人埃德蒙德的两个幼子，这俩小孩跑得还算快，一口气逃出英格兰，跑到了匈牙利。其中的一个在四十年后再次回到英格兰，成为王位继承人。

接下来便是埃塞雷德和艾玛所生的两个十来岁未成年的儿子，忏悔者爱德华和高贵者阿尔弗雷德

（Alfred the Noble）。不过这次面对两个手无寸铁的少年，克努特却没下手。

而原因竟然是，克努特刚刚娶了这兄弟俩的母亲艾玛。

这事儿听上去有些不可思议，对我们的道德底线来说实在是挑战。艾玛的老公埃塞雷德虽然不是直接死在克努特手上，但毕竟他是艾玛国破家亡的罪魁祸首。无论国仇还是家恨，艾玛都应该与克努特死磕到底才对，否则就对不起她死去的老公。

可现在对艾玛来说，比为死人报仇更重要的是要保住活人——两个儿子——的性命。于是，艾玛行了一着险棋。

克努特继位为英王后，全英格兰的大小领主争先恐后地向新领导献赞歌，表忠心，唯独艾玛死守伦敦城，摆出一副宁死不降的架势。

看到这情形，克努特笑了，心说你孤儿寡母，困守危城，分分钟我就能把你灭了。

可是结果这一打，克努特才发现自己着实小瞧了这位来自诺曼底的女人。伦敦城在艾玛的指挥下，居然顶住了克努特维京大军的猛攻。

克努特开始重新审视这位英格兰前第一夫人了,从侧面一打听才知道,艾玛虽然此时已经三十多岁,但宛若冻龄。

克努特心动了。他做出了一件让所有人都诧异的举动——向艾玛求婚。

之所以让人诧异,不是因为他们年龄上的差距——虽然克努特此时不过二十出头,而艾玛已经是两个半大小子的妈了,但毕竟在真爱面前,年龄压根儿就不是什么问题,真正让人瞠目的是,克努特已经结过婚了,而且老婆健在,还给他生了两个娃!

原来,当年克努特随老爸叉子胡斯温第一次入侵英格兰时,就娶了一位英格兰当地贵族的女儿,名作艾芙姬芙(Elfgifu),史称北安普敦的艾芙姬芙。可巧的是,艾玛前夫埃塞雷德的前妻也叫艾芙姬芙。(这几对男女实在是太有缘分了!)

因为当时天天打仗,克努特和艾芙姬芙并没有在教堂办正式婚礼,而是举行了一种叫牵手(handfasting)的订婚仪式。但是在中世纪的英格兰,这种牵手仪式也是合法的婚约,有点儿像现在领了证没办酒席。

所以基本上可以定性,克努特犯了重婚罪。

前文曾说过,在大约克努特当上英格兰国王的二十年前,法国卡佩王朝的国王罗贝尔·卡佩就因为和比自己亲表亲差了一层血缘关系的表姐结婚,被教廷开除了教籍。而克努特犯的是重婚罪,那可是中世纪基督教世界里用"Sin"来形容的大罪!

不过克努特也管不了那么多了,作为一位新千年"90后"的成功人士(克努特生于995年),娶两个老婆真的很过分吗?

而当艾玛打开克努特热情洋溢的求婚信时,她笑了。因为她知道,现在两个儿子终于安全了。

从死守伦敦的那一刻起,艾玛就已经打算赌上自己的一切,为两个孩子谋条生路。

她明白,克努特绝对不会放过任何一条韦塞克斯王族的血脉,所以她必须咬紧牙关,坚持下去,以争取最有力的谈判筹码。

现在克努特终于开价了,不过开出的却是一个让她始料未及的条件,要么嫁给克努特,打发两位小王子去诺曼底，投奔舅舅理查二世（Richard Ⅱ，征服者威廉的爷爷）；要么做韦塞克斯王朝的忠贞节妇，和两个儿子一起为它殉葬。

煎熬！一位母亲内心挣扎着。嫁给克努特，投向曾经敌人的怀抱，这无异于莫大的侮辱。

不过很快艾玛就做出了决定，为了她的孩子，为了韦塞克斯王室的骨血，为了有朝一日她的儿子能成为英王，她选择耻辱地活下去。而这一咬牙就是长达二十年的忍辱负重。

1017年7月，艾玛与克努特成婚，再次成为英格兰王后，不过王朝已经变成了丹麦王朝——由此，艾玛也成为英格兰史上第一位，也是唯一一位成功连任英格兰王后的女人（朱迪思虽然也曾连任，但那是韦塞克斯国王的王后）。

当身着白色婚纱走进温彻斯特的大教堂时，艾玛心中默默念叨：孩子们，原谅母亲吧！我只希望你们能坚强勇敢地活下去！

而此时的小忏悔者爱德华也许还不能理解母亲的良苦用心。对于一个十几岁的孩子来说，他只知道自己又要过流亡生活了。两年前，自己刚刚跟随父母风风光光地回国复辟。不过两年时间，就又沦落到爹死娘嫁人的局面了。

随它去吧。离开英格兰的阴霾天气，回到诺曼底的阳光下，或许心情会好起来。忏悔者爱德华和高贵者阿尔弗雷德兄弟二人再次被迫逃到诺曼底的舅舅家。

十九年后，他们会有一次机会回到英格兰，不过最后能活着回来的，就只有两兄弟中的一个了。

等等，我们似乎忽略了这三人关系中的另一位女主角，克努特的第一任妻子艾芙姬芙。她现在的位置就比较尴尬了，因为克努特并没有和她解除婚约，理论上她也是英格兰的王后。一王二后，这英格兰的棋盘上有点儿放不开了。

其实克努特完全可以和教廷商量，让他和艾芙姬芙之前的婚约作废，只承认艾玛这一个老婆，毕竟艾玛的背后是强大的诺曼底公国。可是出人意料的是，克努特却打算将三人关系进行到底，完全没有把艾芙姬芙抛弃的意思。

当初埃塞雷德复辟时，克努特把艾芙姬芙和刚刚出生的长子斯韦恩·克努特森（Svein Knutsson）丢在英格兰，自己跑路回了丹麦，算是负过艾芙姬芙一次了。现在好日子还没过上两天，就把艾芙姬芙娘儿仨抛弃，那就真成陈世美了。

糟糠之妻不下堂，克努特还算是个爷们儿！

可是作为基督教大国的英格兰，竟然出现了空前绝后的一王二后的现象，教廷和本土教会颇有意见，所以克努特和教会之间一度剑拔弩张。

为了缓和与教会的紧张关系，克努特只能多送钱，将英格兰在维京入侵时被破坏的所有教堂都维修了一遍。而且在英格兰和基督教刚刚兴起的老家丹麦，又建了不少教堂和修道院。

后来，教廷对克努特重婚之事，基本上就选择性失明。一来是看在克努特捐了那么多钱的份儿上，二来当时的教皇本笃八世（Benediction Ⅷ）正面临内忧外患。早些年跑到西西里岛搞二次创业的诺曼人，现在从西西里岛向意大利本土扩张，一副要开进罗马城"觐见"教皇的架势，所以本笃八世还得和诺曼底公国以及英格兰搞好关系，以期制约西西里的诺曼人。

这第三点也是最重要的一点,是丹麦人在克努特的爷爷老蓝牙哈拉尔德一世当政时才开始信奉基督教。此前丹麦人每次来英格兰搞采摘,教堂还都是他们的首选呢!教廷一想,人家不久前还从教士的脖子上扯银十字架,现在不但没抢教堂,每年还缴纳大量会费,婚姻关系这样的事情,特例特办也没什么。

既然教廷都不说什么,克努特自然也乐得享受齐人之福。不过此时噩耗突然传来,他的哥哥丹麦国王哈拉尔德二世去世了。

按理说,哥哥去世,做弟弟的应该很难过,可是克努特却是打心眼儿里高兴。因为他老哥没有孩子,作为最近男性亲属的克努特,自然成为老哥遗产的最大受益人。那遗产可不仅仅是首都哥本哈根市中心的高档别墅——丹麦王宫,而是整个丹麦王国。

虽说兄终弟及是天经地义的事,而且没有什么七大姑八大姨跑来分财产,可是在当时的北欧,天赋王权的思想还没有形成,谁胳膊粗谁当老大的观念早就深入人心,所以还是有不少丹麦豪强对克努特不服气。

况且克努特将自己的统治中心放在了英格兰,只让妹夫乌尔夫（Ulf）代表自己管理丹麦，没大事基本不回丹麦老家，这实在让老家的乡亲感觉自己生活在被领导遗忘的角落。结果克努特当上丹麦国王没多久，就有人为刷存在感而造反了。

1022年，克努特不得不率大军从英格兰登陆丹麦平叛。在这次平叛中，一个年轻人脱颖而出，迅速成为英格兰的一颗政坛新星，并最终成为连国王都惧怕三分的一代权臣。

他的名字叫戈德温（Godwin）。若从英文字面上直译，就是上帝赢——而在古盎格鲁-撒克逊语中，则是上帝朋友的意思。不过无论取哪种解释，这个名字都很霸气，没有八两骨重，估计都压不住这个名字。

而戈德温也是一个谜一样的人物。首先，他的父亲是谁就是个谜。现在最常见的猜测是，他的父亲叫伍尔夫诺斯（Wulfnoth），是埃塞雷德手下的海军将领。

话说当年叉子胡斯温入侵英格兰，为自己的老妹报仇。英格兰的情报部门已经探知了维京人的登陆点，于是埃塞雷德御驾亲征，带着英格兰皇家海军，准备以逸待劳，歼敌于海上。

这时偏偏有人举报伍尔夫诺斯有通敌嫌疑。因为大战在即,埃塞雷德表示还是要本着爱护干部的原则,将事实调查清楚,绝对不能放过坏人,但也不能冤枉好人。

没想到伍尔夫诺斯先坐不住,立刻用实际行动向国王证明自己真的不冤枉——他直接带着所部二十艘舰船叛逃,开到英格兰南部海岸当海盗去了。

这下埃塞雷德怒了,诏谕余下的所有舰船一起去追赶伍尔夫诺斯。可祸不单行,追兵遇上了风暴,大部分水面舰船直接升级为潜艇——沉了。看到昔日的战友遇上海难纷纷沉入海底,而没沉下去的舰船上还有人在垂死挣扎,伍尔夫诺斯表现出了极大的"慈悲心"。他下令将没有沉的船全部烧掉,让他们早死早超生。

结果英格兰皇家海军还没见到维京人,就全军覆没了。这一变故直接导致后来叉子胡斯温没遇到任何抵抗便顺利登陆了英格兰,然后敲诈了埃塞雷德一大笔钱。

当然,埃塞雷德也没轻饶伍尔夫诺斯,他虽然没抓到人，至少抄了家，把伍尔夫诺斯的土地财产全部充公。

有鉴于伍尔夫诺斯当年对维京海盗事业做出的突出贡献，克努特对他的儿子戈德温很是器重，而这次丹麦平乱之战，戈德温又屡建奇功。所以克努特于1023年回到英格兰之后，做出了一个惊人的决定：任命只有二十二岁的戈德温为韦塞克斯伯爵。

韦塞克斯伯爵相当于韦塞克斯地区的最高行政长官，兼军区司令、首席税务官以及首席大法官，集军政财法于一身。

而且当时克努特在英格兰只设立了四个伯爵领地，作为原韦塞克斯王朝发祥地的韦塞克斯，无论是政治地位，还是经济水平方面都是其中最高的。

让一个只有本科毕业年龄的本土盎格鲁-撒克逊人做英格兰四大伯爵之首，令那些从老家丹麦跟过来的三老四少情何以堪！别说是当时的人一时无法接受，就连后世很多史学家都很难理解。

其实仔细分析，克努特重用戈德温并非没有道理。首先，克努特刚刚复辟了丹麦王朝，急需一个自己的班底。英格兰原来那些首鼠两端的本土豪强肯定是不能用了,他处死埃卓克就是很好的证明。

戈德温在铁人埃德蒙德活着时,就一直是其坚定的支持者,只是在他死后,才顺应潮流跟了克努特,称得上是个忠臣(在这个不讲求成仁取义的小岛上,这就不错了)。正所谓千军易得,忠臣难求,况且第一夫人艾玛也因为戈德温对故主的忠诚,而向克努特强烈推荐。

而克努特从丹麦带过来的老弟兄本来就人数不多,丹麦那边还留了一批亲信信管理。更让克努特心寒的是,不久前,他最信任的一位亦师亦友的大将诺森比亚伯爵——高个子索凯尔(Thorkell the Tall)居然背叛了他,连带一大批丹麦人也跟着受到了牵连。所以丹麦人里合适的人选也确实没有。

其次,作为异族统治者,克努特要想在英格兰站稳脚跟,争取王位可以子子孙孙无穷尽也,就必须做到管理层上的本土化,实现英人治英,才能保证英格兰地区的长治久安。

而戈德温的表现也充分证明,他在英格兰本地的新贵中确实是个可造之才。而且年龄上也和克努特相仿（克努特当时才二十八岁）。大家都是年轻人，思路相近，交流上也没有代沟。

最后，也是最重要的一点，戈德温娶了一个比自己大四岁叫吉莎（Gytha）的女人。

而这个吉莎正是克努特的妹夫乌尔夫的妹妹，也就是说，戈德温是克努特妹夫的妹夫。大家都是一家人，信任成本要比用别人低得多，作为领导，不提拔这样的人还能提拔谁？

在平定丹麦叛乱后，克努特已牢牢掌握了英格兰和丹麦两国。当年他借丹麦维京的力量征服了英格兰，现在反过来又用英格兰的力量摆平了丹麦，基本上是空手套白狼的路数。按理说克努特应该满足了，英格兰和丹麦两个大国就够他消化一阵的，步子迈得太大，可一点儿都不保险。

可是明显克努特认为这句话毫无道理，他的宏伟计划是依托英格兰和丹麦两大平台，整合维京海盗和盎格鲁-撒克逊民兵两大资源，充分发挥维京人一不要命，二不要脸的优势，打造一个大北海共荣圈（这个北海可是位于欧洲不列颠群岛、欧洲大陆及斯堪的纳维亚半岛之间的海域,是大西洋的一部分),否则也对不起历史给自己的那个大帝称号。

正当克努特冥思苦想,如何才能将自己的历史地位再向上拔一个高度时,突然有人为成就他的伟业,自己送上门来了。

1026年,挪威国王奥拉夫·哈罗德森(Olaf Haraldsson)趁克努特不在丹麦,联合瑞典国王阿南德·雅各布(Anund Jacob)入侵丹麦。

克努特迅速做出反应,集结了六百艘战舰奔赴丹麦救火。其中他的座舰就有八十米长,而一般的维京长船不过才二十米。哈罗德森和雅各布见克努特来势汹汹,也不敢硬碰硬,先将舰队退到了一条河里,又在上游筑起了一座水坝。

等克努特的先锋船队一驶进河口,哈罗德森立刻就下令毁掉水坝。顿时白浪滔天,无数英格兰人和丹麦人葬身鱼腹。

经此一役,克努特损失惨重,但主力尚存。而挪威人和瑞典人见好就收,也撤出了丹麦。

虽然首战不利，但战局的主动权却被克努特牢牢地握在了手里。仗着人多势众，克努特一路蚕食过去。不到两年就占领了整个挪威和瑞典南部地区。哈罗德森则不得不跑到另一个维京人国家——基辅罗斯，去政治避难。

两年后的 1030 年，哈罗德森又卷土重来，打算夺回挪威。可惜还没碰到克努特的正规军，就在一次战役中被一帮挪威农民给群殴死了。他的一个同母异父的弟弟也参加了那场战役，侥幸捡回了一条命。十六年后，这位挪威王子会完成他哥哥的遗愿，将挪威王位从丹麦人手中夺回。

这里先闲话几句奥拉夫·哈罗德森。这位挪威先国王没想到的是，自己死后虽然没被请进挪威的"太庙"，却被供在了许多东正教的教堂里。原因很简单，他死后被封圣了。

之所以被封圣，是因为在移墓开棺时，人们发现他的尸首居然肉身不坏，而且头发和指甲都长长了。——要知道，他的尸体埋在北欧的冻土里，那是常年零下 40 摄氏度的地方。

哈罗德森不仅有福享受教堂里的祷告，他自家的香火也通过他的女儿萨克森公爵夫人传到了很多欧洲王室。而这其中就包括一千年后现在的英国王室，然后又由于英国和挪威的姻亲，他的基因最终又传回挪威王室。

哈罗德森一死，在斯堪的纳维亚半岛，基本就没人敢和克努特叫板了。此时的克努特已经坐拥四顶王冠：英格兰国王、丹麦国王、挪威国王，外加瑞典国王（仅限南部部分地区）。

而周围那些盘踞在现今苏格兰、威尔士、爱尔兰和瑞典北部地区的各个小国也不用过招了，直接向克努特俯首称臣，乖乖上交保护费。自此，克努特终于实现了自己的终极人生目标，拥有了北海和波罗的海地区的霸权，将几乎整个北海变成自己打造的帝国的内湖。

在当时的欧洲天主教世界里，克努特俨然是除神圣罗马帝国皇帝以外的第二号强者。而作为头号强者的神圣罗马帝国皇帝康拉德二世（Conrad Ⅱ）和克努特的关系还相当铁，不仅邀请他去罗马参加自己的登基大典，还和他并排而坐，称兄道弟。

纵观英国历史，克努特所达到的成就和控制的疆土面积，直到地理大发现后17世纪的大英帝国才能够超越。

作为多个王国的CEO，克努特除了武功，也做了些文治，比如建立环北海经济合作区（都是他的地盘，商人做买卖也少缴了关税），整合货币，编纂法令，保护教堂和历史文献。由此，英格兰和他控制的斯堪的纳维亚地区进入了一个黄金时代。在他的统治下，英格兰人民过上了一段相对和平的日子——至少没有维京人来骚扰了，试问有哪个海盗敢来海盗头子当国王的地方捣乱？而英格兰的经济也得到了恢复和发展，为以后威廉的诺曼王朝的强盛奠定了基础。

后世的史学家对克努特的评价很高，说他是英国历史上最英明的国王之一，称之为克努特大帝（Cnut the Great）。

其实称他为大帝，完全是中国式译法，更准确的翻译应该是伟人克努特。因为就算克努特头上顶着再多王冠，也不可能成为皇帝。称帝对他来说，是既没有自身的需求，也没有外在的条件。

这话听上去有些奇怪，按照中国的历史实践，地盘比克努特小得多却称帝的也大有人在，那为什么克努特不把自己手上这几个地盘合并成一个国家，然后自己称帝呢？

第一个问题就是，英格兰、丹麦和挪威是三个不同的民族性国家，历史上从来就不曾统一在一起。虽然他们都算日耳曼人的分支，但在语言、文化、风俗上存在着很大的区别。

打个不恰当的比方，假如你既是百度，又是阿里巴巴，还是腾讯的老板，虽然三家都是互联网公司，但是你要把这三家公司和品牌整合成一个，就不是那么容易的事了。品牌的认同度、企业文化的整合都是问题，而且合了还不一定就能好，不是三家公司首字母一拼，改名叫BAT，就能腾飞了的。

合并公司都这么麻烦，更不要说合并几个国家了。就连后世英格兰和苏格兰的合并都经历了上百年的时间。苏格兰人对英国整体国家概念的认同度一直都不高，直到现在还总想着搞独立。

第二，中世纪欧洲长期处于分裂状态，封建分封制盛行，几乎没有形成中央集权式大一统国家的土壤。欧洲的君主很少有野心一统欧罗巴，能把自己手下那些诸侯管好别闹事，就算烧高香了。

最后也是最重要的一点，在中世纪的欧洲，不是说谁地盘大，谁就能从国王升级当皇帝的。虽然历史上有些英王——也包括克努特本人，用一些隐讳的、吹毛求疵的头衔表示自己有比当国王更高大上的理想，但是谁都不敢公开向全欧洲宣传自己是皇帝，让教廷给他加冕。因为做皇帝是要有道统的，欧洲每个主要国家的王室都是有道统的，更别说皇帝了。

在欧洲，皇帝的道统源自罗马帝国，包括后来的法兰克帝国、神圣罗马帝国、拜占庭帝国（即东罗马帝国）、沙俄帝国、德意志帝国，它们都是自认为继承了罗马帝国的正朔。

而后来的日不落大英帝国，实在和罗马帝国一点儿关系都没有，维多利亚女王想称女皇，都只能借印度的光。借着继承印度莫卧儿王朝的正朔，在印度过把女皇的瘾，而回到英国，她还只能是女王。后来印度独立，英国王室皇帝的称呼也就不能再用了。

所以，不是说谁胳膊粗，谁就能当皇帝那么简单。这就好比一个萝卜一个坑，之前的那个萝卜还在坑里呢，别的萝卜再着急也没地方种。

在中世纪的欧洲，占着这个皇帝坑的就是号称继承西罗马帝国道统的神圣罗马帝国皇帝，而且这个神圣罗马帝国皇帝还常常同时拥有罗马人民的皇帝，以及意大利国王这样的头衔。

虽然18世纪的法国启蒙运动大师伏尔泰曾经说过，神圣罗马帝国"既不神圣，也非罗马"（伏老夫子不信皇权，所以嗤之不神圣，而且这个帝国是日耳曼人建立的，和最初的罗马帝国确实扯不上多大关系），但只要这个什么也不是的皇帝还在位，克努特顶多也就关起门来，让手下喊两声"万岁"过过瘾罢了。

总之，以当时的情况来看，这位多国CEO克努特大帝并不具备把手里的几个资源捆绑上市，做大做强的市场条件和思想觉悟，也没有时间，因为刚刚小有成就的他，已经开始忙着给自己的儿子分家业了。

8. 王子与国王

艾玛嫁给克努特后,没多久就给他添了一儿一女。儿子取名哈德克努特(Harthacnut,征服者威廉的又一位表叔),而女儿日后成了神圣罗马帝国皇帝亨利三世的皇后。

按理说,生母是艾玛的哈德克努特和生母是艾芙姬芙的斯韦恩·克努特森,都是克努特的嫡长子,以后英格兰的王位无论由谁继承,都会带来无穷无尽的麻烦。

正当孩子们一天天长大,克努特为接班人的问题发愁时,挪威国王奥拉夫·哈罗德森给他送来了一个完美解决继承人难题的机会。

这个机会就是前面提到的奥拉夫·哈罗德森入侵丹麦。在平定挪威之后,为了巩固其在北欧的统治,

1026年，克努特让年仅八岁的哈德克努特到丹麦做监国，并由克努特的妹夫奥尔夫辅政。

四年后，克努特封长子斯韦恩为挪威国王，后来干脆让艾芙姬芙也搬过去陪儿子。这样，在英格兰这片土地上，艾玛终于成为"独后"。

而艾芙姬芙的次子兔子腿哈罗德（可能因为跑得快才得了这个绰号）却被留在了英格兰，由此基本奠定了日后三子继承家业的局面。

1035年，笑傲北海的克努特大帝走到了人生尽头，他开疆辟土的能力，使英格兰后世五百年内的国王都无法望其项背。

可惜这个由他一手创建的北海帝国，在他死去的那一刻，也因三子分家而分崩离析，成为在欧洲历史上闪过的一抹烟花。而更不幸的是，他的大儿子很快就要和他在地下团聚了。

先说艾芙姬芙和斯韦恩。娘儿俩一到挪威，第一感觉就是克努特偏心，怎么把我们派到这么一个寒冷到鸟都拉不出屎的地方？

别看挪威面积比英格兰和丹麦都大，而且如今一直被评为全球人类发展指数第一的国家,可是在一千年前,除了森林和极光,这里真的什么都没有。所以说好听些他们是来这里当国王和太后的,实际上也和流放差不多。

然而更让艾芙姬芙气不打一处来的是,克努特居然把艾玛留在了身边,让自己到国外陪儿子。而且哈德克努特比斯韦恩还小呢,怎么不让艾玛去丹麦?

这对有气没地方出的母子,为了弥补自己感情上受到的伤害,选择了一种特殊的平衡方式——收税。这娘儿俩在挪威把税收得可谓不亦乐乎。今儿收个养狗税,明儿征个喝酒税,总之别的不会干,就知道变着花样收税。

更过分的是,斯韦恩只重用丹麦人,完全排挤挪威本土精英人士。虽然丹麦和挪威都是维京兄弟,只隔着一道窄窄的斯卡格拉克海峡相望,但空降一帮外国人骑在自己头上,搁谁都不舒服。

就这样,艾芙姬芙和斯韦恩没用几年,就把挪威搞得乌烟瘴气,怨声载道。无论是挪威的贵族还是平民,都开始思念前朝。

终于在1035年,一个人跳了出来,振臂一呼,应者云集,挪威发生了声势浩大的倒丹运动,这个人就是前面提到的挪威前国王奥拉夫·哈罗德森的私生子马格努斯(Magnus)。

只会收税的艾芙姬芙和斯韦恩哪里打得过马格努斯,两人很快就被赶出了挪威,跑到丹麦投奔哈德克努特。

哈德克努特和他大哥一合计,觉得哥儿俩的实力加在一起也不一定能干过马格努斯,于是打算向老爸克努特求援,偏在此时听到了父亲归西的消息。俩娃的心一下子凉了半截。没两天,斯韦恩也忧郁过度,追随他爹克努特到另一个世界去了。

虽然斯韦恩落了个国破身亡,可是他的亲弟弟兔子腿哈罗德却因此捡了个便宜。

据说克努特在世时,曾想安排老三哈德克努特继承英格兰王位。这一点可以从当时王室馈赠给教会的土地契约上得到证明。我们之前讲过,这种契约的信息含量非常之大。上面证人的名字顺序绝不是按首字母顺序排的。当时的大量地契上,艾玛和哈德克努特的名字都明显排在艾芙姬芙和她的两个儿子前面。

虽然克努特死前没有"立太子",或者在什么匵后放遗诏,但是全英格兰的人都知道,哈德克努特在王位继承上比他的两个哥哥有优先权。

可是当克努特死时,哈德克努特并不在英格兰,兔子腿哈罗德是发丧时唯一可以摔盆的那个儿子。

正所谓近水楼台先得月,这事儿要放在中国古代,基本上是哪个儿子甚至弟弟最后守在老皇帝的病榻前,谁就能铁定成为下一届领导人,因为太容易矫诏了。

不过在当时的英格兰,这种事是完全不可能发生的,因为英格兰有强大的贤人会议和教会。虽然贤人会议原来的班底在丹麦王朝上台后就被大换血了,但是强势如克努特这样外来的异族统治者,也不能改变其对英格兰政局的影响力,只能和贤人会议里的宗教及世俗贵族共治英格兰。

可以说终丹麦王朝一朝,英格兰都在丹麦人和盎格鲁-撒克逊人的共治之下。这和征服者威廉统治时期的英格兰完全不一样,那时才更像是异族统治,上层统治者几乎一色都是说诺曼语的诺曼人,而整个诺曼王朝的英王甚至基本都不会说英语。

作为与丹麦异族统治者共治的最大本土受益者,当时英格兰贤人会议的老大戈德温为了报答克努特知遇之恩,打算死心塌地贯彻克努特的遗愿,立三太子哈德克努特为国王。

可是并不是所有贤人会议的成员都像戈德温这样想,比如贤人会议成员的二号人物麦西亚伯爵利奥弗里克(Leofric)。拥立之功,谁不想争第一?利奥弗里克也不想一辈子屈居次位,此时正是搏一搏的时候,所以他力挺兔子腿哈罗德。还有另外一层原因,即他的老婆和哈罗德的母亲艾芙姬芙是闺蜜。

要说利奥弗里克老婆的知名度,绝对甩出他本人十八条街。堂堂麦西亚伯爵利奥弗里克,在英国历史上的标签只能是某某人的老公。而且即便像戈德温和克努特这样同时代的重量级人物的名字,在如今英国人的心目中,恐怕都不如这位女士的响亮。

而这位伯爵夫人之所以这么有名,是因为她曾做出一个惊人的举动。这个举动就是彩插里的场面。

在千年后的今天，油画上的这位叫戈黛娃的女人的知名度几乎力压当时所有男性，而人们对她更多地使用敬称，戈黛娃夫人（Lady Godiva）。

关于戈黛娃夫人的诸如绘画、雕像等各种形式的艺术作品不胜枚举，几乎都是这种裸体骑马的造型，其中最著名的就是由前拉斐尔派画家约翰·柯里尔创作的《马背上的戈黛娃夫人》。

这是一个什么样的故事呢？英国诗人丁尼生（Tennyson，1809—1892）的诗歌《戈黛娃》有完整的记述。

话说麦西亚伯爵利奥弗里克也是个掉进钱眼儿里的土豪，对封地考文垂（Coventry，位于英格兰中部，现今是英格兰第九大城市）的居民征收五花八门的苛捐杂税。结果是富人被剥削，穷人变更穷，最后钱都进了他自己的腰包。

令利奥弗里克没想到的是，反对他横征暴敛最强烈的人，居然是他自己的老婆——戈黛娃夫人。

一日清晨，戈黛娃找到正在悠闲遛狗散步的丈夫，向他陈述考文垂的百姓已经不堪税负的重压，请求他轻徭薄赋。然而利奥弗里克却用奇怪的眼神看着自己美丽的妻子，他不明白，这些屁民的死活跟她这个高贵尊崇的伯爵夫人有什么关系。

可对戈黛娃而言，百姓忍饥挨饿，让她感同身受，甚至生不如死。

伯爵满不在乎，还颇为轻佻地用手指弹弹妻子左耳的钻石耳坠，说："我亲爱的伯爵夫人，如果没有从您可爱的百姓那里收来的租子，您耳朵上这对阿非利加产的钻石，可能还待在店铺里，或者在王后，要不就是在哪位贵妇的首饰盒里呢！"

听到这话，戈黛娃反而平静下来，从容地摘下耳环递给丈夫，平和地表示，如果能减轻百姓的赋税，包括她从娘家带来的嫁妆在内的首饰盒里的所有首饰，他都可以拿走。

利奥弗里克更加觉得不可思议，他觉得妻子对人民的在乎程度，已经超出了他的想象。

戈黛娃郑重非常，在她眼里，金银首饰根本算不了什么，人命无价。她表示，只要丈夫能答应减税，她做什么都愿意。

伯爵提出的要求是："只要你愿意脱掉所有的衣服，骑着马在镇里转一圈，我就废除所有的特别税！"在看到戈黛娃吃惊的表情后，伯爵继续说："如果你能做到，我一定不会食言，否则，减税这事儿以后就不要再提了！"随后得意地离开了。

丈夫走后很久，戈黛娃才从震惊和随之而来的愤怒中平复下来。她虽然预感到必须付出很大代价才能说服丈夫，没想到的是，他居然会向自己的妻子提出一个如此过分的条件。

赤身骑马招摇过市这事儿，放到各种裸体行为主义层出不穷的现在，都是惊世骇俗的头条，更别说在一千年前的欧洲。在当时，这种行为无论在世俗还是宗教里，都是不能被接受的。

戈黛娃苦苦思索良久，决定接受这个条件。那一刻，她对考文垂百姓疾苦的怜悯战胜了对自身荣辱的关切，堪称慈悲。

慈悲归慈悲，戈黛娃还没傻到直接骑马上大街裸奔的地步。她先叫来一个办事精明的侍从，命他去镇上向考文垂的居民喊话。

于是，史上第一次裸体运动的造势活动开始。当然，与达到万人空巷的效果相反，侍从的使命是要所有人肃静回避。他向民众宣讲伯爵夫人为了帮助他们减税，答应利奥弗里克伯爵赤身骑马从镇中走过的事情，希望大家念及夫人的爱民之心，从即刻起到中午时分，都待在家中，不要上街，关窗闭户，不许偷看。

民众得知这个消息后，无论当时在做什么，都停下了手中的一切，回到家中，关门闭户，为自己有这样一位救苦救难的领主夫人而感谢上帝和祈祷。

只有一个人从窗缝偷窥，而他也为自己卑劣的行为付出了惨重代价。这个人就是裁缝汤姆，他为戈黛娃夫人做过衣服，对她的美貌早就垂涎欲滴。这次听说伯爵夫人要裸身穿过大街，他打算用这个千载难逢的机会大饱眼福。正当汤姆忐忑不安并激动不已地等待时，街上传来了马蹄声。他迫不及待地跑到窗缝前，瞪大眼睛凑了过去——那一刹那，他失明了。

关于戈黛娃夫人的这个桥段，史学界还有一种截然相反的说法。在那个更受史学家青睐的版本里，戈黛娃夫人被描绘成一个贪得无厌的地主婆，和她的闺蜜艾芙姬芙一样，热衷于搜刮民财。她的恶行最终激起了民愤，为了平息众怒，她不得不只身穿内衣，骑马在考文垂大街上当众游街。这在当时是一种十分屈辱的惩罚。

千年之后，历史的真相已无从可知。不过，在戈黛娃夫人裸身骑马后，麦西亚伯爵利奥弗里克最终为考文垂人民减了税。对于此时的他来说，有比赚钱这样的小目标更重要的事等着他去完成。那就是推举兔子腿哈罗德为英格兰国王。

1035年的英格兰政局已变得扑朔迷离，在近两年的时间里，英格兰没有一位正式的君主，整个国家都处于一种分裂的状态。

而这一切都是由克努特的死引起的。他死后，由他一手打造的北海帝国随即分崩离析，长子斯韦恩也在不久之后追随其父而去。如今有资格参加英格兰这场《我要当国王》选秀的，只剩下次子兔子腿哈罗德和幼子哈德克努特。

英格兰的两宫王太后艾芙姬芙和艾玛很明显都站在自己儿子的一方。而哈罗德和哈德克努特各自的站台大将分别是韦塞克斯伯爵戈德温和麦西亚伯爵利奥弗里克。

当戈德温站在英格兰的政治舞台上为哈德克努特卖力地摇旗呐喊时,他不知道自己已经站错了队,犯下了个人政治生命中的第一次大失误。这种失误放在任何时空都是足以致命的,而戈德温居然在以后的十余年中连续犯了三次,不过每次他又能奇迹般的化险为夷,并且获得更大的权力,实在是让人不得不钦佩他的政治手腕。

哈德克努特亲友团的另一位实力派人物是时任坎特伯雷大主教的埃瑟诺思(Æthelnoth)。他死守着英格兰的王冠和权杖,不论哈罗德怎么软磨硬泡,主教就是不给。最后他干脆把王冠和权杖放到坎特伯雷大教堂的祭坛上,并严禁任何人取下交给哈罗德。

我们不止一次提到,坎特伯雷大主教在英格兰的地位之重要,没有他亲自在大教堂给新王加冕并涂抹圣油,就不能算作正式登基。

最后哈罗德没办法,干脆拒绝参加任何教堂组织的集体活动,成天出去打猎。不过,王太后艾芙姬芙并没有闲着,她私下里收买、贿赂、威胁、利诱,居然令中部、北部大部分的诸侯站在了自己儿子的一边,其中还包括诺森比亚伯爵斯沃德(Siward)。

斯沃德是克努特时代的海军创始人,手里有大把的大船小艇。自从站到哈罗德这边后,他就成天带着舰队在伦敦附近晃悠,给艾玛添堵。

眼见对方实力不断壮大,艾玛和戈德温心急如焚,盼哈德克努特回来盼得望眼欲穿。可是在克努特死后的五年里,三王子哈德克努特都没回过英格兰。

其实哈德克努特本人恨不得肋生双翅飞到英格兰,回到母亲身边。可是他这时面对的最大敌人并不是二哥哈罗德,而是那个此前在挪威赶跑了大哥斯韦恩的马格努斯。

马格努斯光复了父亲奥拉夫·哈罗德森丢掉的祖业挪威后,被各路大佬拥立为挪威新一代领导集体的核心——挪威国王。可是他的心中装的并不只有挪威。马格努斯在北欧语里的意思是查理曼,查理曼大帝的查理曼。名有多大,心就有多大。他打算立足挪威,放眼北欧,再造一个北海帝国,而他下一步的目标,就是哈德克努特的丹麦。

马格努斯的进攻让哈德克努特只能守在自己哥本哈根的大本营,无暇回英格兰和二哥抢夺王位和遗产。要说斯韦恩和哈德克努特兄弟两人也是够倒霉的,年纪轻轻就遇到了马格努斯这样的劲敌。以二人当时的年纪(斯韦恩死时才十九岁,而哈德克努特当时刚十七岁),面对关系国家兴亡的战争,确实经验不足。而他们的对手马格努斯,此时已经——十一岁了。

没错,马格努斯只是一个小学五年级大的孩子,不过他不仅吊打并逼死了一个大二的(斯韦恩),还吓得另一个高二的(哈德克努特)不敢回家给自己的父亲奔丧。以马格努斯后来的战绩,如果他能活到30岁,十有八九可以成为笑傲北海的克努特第二。可惜他只活到了二十三岁。

而就在哈德克努特被马格努斯绊住不能回英格兰时,幸运女神已经向兔子腿哈罗德伸出了橄榄枝。

在英格兰的这场国王选秀中,就算哈德克努特是实力再强的选手,总不上台露面,也不可能在观众那里一直保持热度,更何况另一个选手哈罗德一直在卖力表演。到了1036年初,英格兰中部和北部的诸侯基本上都被哈罗德和艾芙姬芙圈粉了。而此时,只有戈德温和艾玛在南部角落里,还高举着哈德克努特的粉丝灯牌。

为了避免内战,最后双方达成协议,由哈罗德控制泰晤士河以北地区,戈德温和艾玛以哈德克努特的名义控制泰晤士河以南地区。这已经是英国历史上第三次如此南北划河而治了,不过每次分裂的时间都不超过一两年,这次也不例外。而促成这次英格兰统一的契机来自哈德克努特方的亲友团内讧,导致内讧的直接原因竟然是哈德克努特的母亲艾玛。

作为连任两届英格兰第一夫人的纪录保持者,艾玛早就习惯于生活在权力中心。眼见现在这英格兰第一太夫人的头衔就要被艾芙姬芙夺走,艾玛突然脑筋急转弯,想明白了一个问题:要成为英格兰的王太后,不一定非得她和克努特生的儿子哈德克努特当国王,她还有两个在娘家雪藏了快二十年,和前夫埃塞雷德生的儿子,忏悔者爱德华和高贵者阿尔弗雷德。

那可是前朝王子,英格兰王位的超级大备胎,论人脉和尊贵程度不比哈德克努特差多少。而且她也不知道哈德克努特何年何月才能回来，海对面法国的诺曼底比丹麦要近得多，何况还有娘家侄子诺曼底公爵罗贝尔二世（征服者威廉的父亲）的支持。只要他们中的任何一个能成为英格兰国王，自己就是王太后，还能立于英格兰的权力之巅。

艾玛一想到两个流亡到诺曼底姥姥家的儿子，又不由得悲从中来。时光荏苒，母子三人已经十八年没见，也不知道这两个没爹没妈的孩子，在海的那一边是不是过着姥姥不疼舅舅不爱的日子。现在后老伴克努特没了，他们母子终于有机会团圆了。

于是艾玛给爱德华和阿尔弗雷德写了一封长信，说明了当下的情况，希望他们能回英格兰母子团聚。

当海峡另一边的两个游子看到一直音空信渺的母亲来信，更是热泪盈眶，当即决定回英格兰看娘去。

其实在此之前两年，他们的表哥诺曼底公爵罗贝尔二世就野心勃勃，曾打算带兵护送两人回英格兰夺取王位。不过舰队一出港，就遇到大风浪，试了几次都没冲过英吉利海峡。后来罗贝尔二世忙着给儿子上户口，也就把这事儿先搁下了。

这次爱德华兄弟动身，仅带了几百名诺曼武士做贴身侍卫，一是此时罗贝尔二世已经去圣城耶路撒冷朝拜，为能给威廉上户口还愿；二来兄弟俩满以为英格兰那边有母亲罩着，万事平安。如果诺曼底乘此时机，出兵护送他们回英格兰，那后面的悲剧应该就不会发生了。

1036年，两位前朝的海归王子回到了阔别十八年的祖国，他们不知道，不久以后他们其中的一个海归将会变成"海die"。

艾玛见到如今已长大成人的两个孩子，已是三十上下的中年汉子，心里既欢喜又难过，可谓百感交集，母子抱头痛哭自不必说。

过后，艾玛和两个儿子商量，说现在你们后爹克努特新亡，本来说好这王位是传给你们的兄弟哈德克努特的，可是这孩子年轻，光一个丹麦他就应付不过来，而克努特的二儿子哈罗德明摆着是想独占英格兰。与其便宜了外人，不如现在趁哈罗德立脚不稳，起兵推翻他，光复盎格鲁-撒克逊人的韦塞克斯王朝。

面对母亲的计划，哥儿俩的反应截然不同。

爱德华不是很赞成母亲的想法。十八岁前的逃亡让他深受打击，性情大变，开始笃信基督教，每天都在祈祷母亲平安，忏悔自己有的和没有的罪过，后来他还因此得了忏悔者的外号。他并不崇尚武力解决问题，主张一切听上帝的安排，是你的就是你的，不该是你的，争也没用。

于是爱德华就劝母亲心平气和："娘，上帝说过，每个人生来都有罪，我们来这个世界本来就是赎罪的，还是不要打打杀杀了，好吧！"

他看母亲对他的话不置可否，继续说："上帝说要爱人如己，何况哈罗德还算是我们的继兄弟呢；上帝又说快乐至极，就生愁苦，您别看哈罗德现在挺嘚瑟，多行不义必自毙，咱们不用理他，他早晚有喝凉水塞牙的时候；上帝还说……"

艾玛实在听不下去，不容分说地打断爱德华："快闭嘴吧！我就纳闷了，我怎么生了你这么个窝囊废！现在这就是天赐良机，就是上帝的安排。天予不取必反受其咎！知道吗？我这么多年来忍辱负重，为的是谁,还不是为了你们,现在你倒当起老好人来了……"艾玛是越说越气。

阿尔弗雷德急忙劝道:"娘,您别跟我哥置气,我哥不干,您看我行吗?"阿尔弗雷德多少有点按捺不住,跃跃欲试,想过把国王的瘾。

听到阿尔弗雷德这话,艾玛顿时和缓下来:"按理说长幼有序,不过既然你哥他自动弃权了,这中兴韦塞克斯王朝的大业就落在儿你的肩上了!"

爱德华一看弟弟和母亲一唱一和,自己再待下去也没什么意思,不久后便离开了英格兰。自此,爱德华和母亲艾玛之间产生了隔阂,直到全面爆发的一天。

在回诺曼底的颠簸的船上,爱德华怎么也想不明白,为什么每次背井离乡,都如此落寞,而且一次比一次惨。第一次是二十多年前避维京全家出逃;第二次是十八年前爹死娘嫁人,就兄弟二人跑了出来;而这次连相依为命多年的弟弟也没跟自己一起走,落得个独自一人乘兴而来,败兴而归。不过他不知道,五年后自己会风风光光地再回故土,而且会有二十五年的帝王大运。

爱德华忧伤地离开了，但是这并没有破坏艾玛和阿尔弗雷德为韦塞克斯王朝复国的兴致。正当他们紧锣密鼓地筹备时，突然发现一个问题：如果想成大事，必须得到英格兰一个意见领袖的加持！而这位意见领袖就是戈德温。——戈德温不请自来。

戈德温伯爵最近很郁闷，自从英格兰划河而治后，哈罗德就不断地挑战政治底线。先是整了一个监国的称号，最近更绕开他在牛津召开了贤人会议的特别会议，在会上等额选举，全票通过哈罗德继任英格兰国王。至此，戈德温已经彻底从贤人会议的第一把交椅跌到了门外的冷板凳。戈德温断定，幕后黑手一定是麦西亚伯爵利奥弗里克。从此，两人的梁子算是彻底结下了，而且还会遗传给后两代。

就在戈德温打算去和艾玛商量对策时，突然听说艾玛正在背后搞小动作，打算拥立前朝王子阿尔弗雷德当国王。戈德温顿时怒了，心想当初说好共进退，我赌上全部身家，加杠杆满仓你儿子哈德克努特！现如今你居然理性投资，把鸡蛋放到另一个篮子里。他决定多转空止损，这个极不情愿的决定会让他后悔下半辈子。

下定决心,戈德温主动到温彻斯特去见了艾玛母子,一上来就表示自己多么思念韦塞克斯王朝的先王,每每想起必痛哭流涕,二十年来忍辱负重,委身夷狄,是欲将有为也。指望少主能早日还朝,驱除鞑虏,还我英格兰。早也盼晚也盼,望穿双眼,怎知今日里少主就在面前。我看到少主这么有帝王之相,还和以前的阿尔弗雷德大帝同名,必能成为一代中兴圣主,真是无比欣慰,愿意肝脑涂地辅佐少主重登大宝。

戈德温这一顿表忠心,阿尔弗雷德听得心花怒放,激动地握着戈德温的双手说:"蒙戈大人不弃,孤定当不负众望,重振韦塞克斯王朝,到时咱们也来它一段君臣共济的千载佳话!"

没想到艾玛却不买账,面有愠色道:"啥意思?一口一个夷狄的,骂谁呢?骂我后老伴和老儿子呢?"

戈德温顿时一脸惶恐,连忙赔罪:"老臣见殿下如此英武,一高兴,有点儿口无遮拦。望您恕罪!"

"还有你!"艾玛又指着儿子埋怨道,"听两句好听的就找不到北了,开始称孤道寡了?"

戈德温听出艾玛在嫌自己只是口头支持,没有实际行动,连忙补充道:"其实老臣这次来,不是自己的意思,还代表英格兰各大贵族一起诚邀殿下去伦敦。我们将在那里召开贤人会议特别会议,议程我已拟好,就是讨论拥立殿下为英格兰新君。您放心,精神已经传达下去,与会的贤人一定会贯彻组织意图的,达不到百分之百的通过率,谁也甭想回家!"

听闻此言,艾玛颇为惊讶:"难道北方的贵族这么快就回心转意了?"

戈德温微笑解释道:"那些北方人您还不清楚,一帮土包子加墙头草。之前只有哈罗德,没得选。现在殿下来了,哈罗德那萤火之光怎么能和殿下这皓日当空比?再说殿下这次带了诺曼大军,那帮北方佬谁还敢扎刺?"

听戈德温提到大军,艾玛和阿尔弗雷德脸上不免有些尴尬。母子二人的表情戈德温都看在眼里,他故意问道:"对了,殿下,这诺曼人的营盘扎在什么地方?我来温彻斯特的这一路上怎么没看到呀?"

阿尔弗雷德略一迟疑:"哦,是这么回事,我这次来得仓促，人马是带了，但是不太多。"

戈德温追问道："方便透露一下到底有多少吗？这样老臣心里也好有个底！"

阿尔弗雷德伸出三个手指头。

"三万？"戈德温一本正经地问道。

"是三百。不过他们都是以一当十的诺曼精锐！你也知道，诺曼人很能打的！"

其实这一切都在戈德温的意料之中，他只是想确认一下阿尔弗雷德的底牌。于是他故作为难："原来是这样呀！那就有些不好办了，得让我好好想想，好好想想！"然后佯装陷入了沉思。

过了一会儿，戈德温发现艾玛母子正用期待的眼光看着他，他突然一拍大腿，说道："就是这样！我就按您说的这个数加俩零传出去，三千先锋已经登陆到位，罗贝尔公爵率三万诺曼大军随后将至。利奥弗里克那老小子听到有三万诺曼大军，肯定吓得屁滚尿流！"说到这儿，戈德温表现出一副仿佛已经看到麦西亚伯爵囧相时的表情。

阿尔弗雷德有点儿懵，连忙问道："这能行吗？他们能信吗?"

戈德温用平静又略带教育的口吻说道:"殿下,老臣在军中摸爬滚打二十几年了,这叫兵不厌诈,实中有虚,虚中有实。就好比你找人合伙做买卖,兜里只有三百金币,如果你实话实说,肯定没人理你。但要是你摆出已经有大富豪出三万金币入股的气势来,那些小富豪准会跟风追投!"

阿尔弗雷德还是不太相信,又问道:"露馅儿怎么样?"

"这个我也想好了,我让我的手下化装成诺曼人,和您带的诺曼武士混在一起。然后往伦敦城里一开,把各个重要的地方都控制住,到时候整个伦敦都是咱们的人,还怕会上的那些人投反对票吗?等他们知道真相,已经上了咱的船,哪还那么容易下去!"

然后戈德温又转向艾玛:"您看老臣这么安排成吗?"

艾玛赞许地点点头,转向阿尔弗雷德:"儿呀,看戈大人给你安排得多周到,还不赶快谢谢你老丈人!"

这回连戈德温都蒙了,不解地问:"太后,您这进度，老臣有点儿跟不上！"

艾玛满脸堆笑："是这样，戈大人，听说你家大小姐现在还待字闺中，我这个儿子呢，一直在外流亡，也没娶门合适的亲。现在他回来了，我有意和你结亲家，你看如何？"

戈德温面有难色。"小女还太小，恐怕和殿下在年龄上不太相配。"戈德温望了一眼阿尔弗雷德那满是浓密胡须的脸，接着说："像殿下这样正值壮年，需要一位年纪相仿，温婉贤淑的贤内助辅佐治国，而小女年幼，怕是不能服众。"

艾玛不以为然："年龄差距不是问题，你看我初嫁时才十七岁，和先帝埃塞雷德差了一轮半，不是也当了两届王后三十几年吗？对了，令爱芳龄几何？"

戈德温不急不缓地答道："小女今年十岁。"

"哦，那是有点儿小。"艾玛不禁捂住嘴笑了起来，"这样吧，婚事先不着急，可你家女儿我先预约了，她的这个婆婆，我是当定了。"

戈德温心里盘算着，这是想把我牢牢地和他们绑在一起呀！要是不先应付过去，以后的事怕是不太好办。这么一想,连连称是:"全凭太后做主!"

——戈德温没想到的是,以后艾玛真成了自己女儿的婆婆,而艾玛没想到的是,戈德温日后的女婿并不是阿尔弗雷德。

戈德温又和艾玛母子商量了细节,而后便准备和阿尔弗雷德启程去伦敦。临行前,戈德温和艾玛说:"太后,我和殿下先走一步,烦您在温彻斯特准备人马,如果一切顺利,咱们就合兵一处,一旦有什么闪失,您也可以去接应我们。"

艾玛连连点头称是,叮嘱阿尔弗雷德万事听从戈德温,并对戈德温说:"戈大人,咱们君臣之间二十年的忠诚和信任,我就不多说了,照顾好我儿!"

戈德温眼中似有深意地看了艾玛一眼:"您放心,咱们不是说好了要共进退吗?"

闻听此言,艾玛心头不禁升起一丝不安。

一路无话。

这一天,戈德温和阿尔弗雷德进入戈德温的领地萨里郡(Surry),这里已经离伦敦不过五十公里了。当一行人登上离郡治所吉尔福德(Guilford)不远处的一座山后，戈德温用马鞭指着东北方隐约可见的城市，对阿尔弗雷德说道："殿下您看，那就是伦敦城。您再看看山下左侧韦塞克斯郡和右侧萨里郡的广袤平原，还有那前面一直伸展到远方的无尽土地，这一切很快就将是您的了！"

阿尔弗雷德以手加额道："感谢圣父、圣子、圣灵、圣母玛利亚！果能如戈大人所言，孤一定兴利除弊；近贤臣，比如戈大人您；远小人，比如麦西亚的利奥弗里克；明定律法，依法治国；上对得起上帝眷顾，下不辜负黎民苍生。"

正当阿尔弗雷德激动得要挥动手臂，即兴演讲，指点江山时，突然发现双手不知何时已被两侧戈德温的手下牢牢钳住了。不仅如此，跟随他的所有诺曼武士也都被控制了。

阿尔弗雷德一下子明白了一切，不过他还是故作镇静地问道："岳丈大人，这是什么意思？"

戈德温看着自己预先埋伏的人马将诺曼武士一网打尽后，不急不缓地答道："我说阿尔弗雷德，现在就别套什么近乎了！这事儿要怪就怪你母后，谁让她先背信弃义，不等哈德克努特回来，就把你推上来当备胎呢！这是你们逼着我倒向哈罗德国王的！算你哥哥跑得快，要是将你兄弟二人一起进献我王，那就圆满了！"

"什么？哈罗德已经称王了？"阿尔弗雷德一下子泄了气，央求道，"戈大人，既然木已成舟，我也不打算再蹚这趟浑水了，看在我父兄对您的情意上，您就放我回诺曼底吧，我保证今生再不踏上英格兰一步！"

戈德温冷笑道："放你回去？那我拿什么做觐见我王哈罗德的投名状呢？至于情意，你哥哥铁人埃德蒙德的，我已经还了，而你父亲给我们家族留下的只有仇恨！过去的二十年以及今后，我真正效忠的是克努特王和他的子孙！"

戈德温这番话倒是一点儿没错。想当初，他的父亲伍尔夫诺斯临阵叛变，全部家产都被埃塞雷德查没。而戈德温本人在铁人埃德蒙德死后，并没有马上投靠克努特，比起那些墙头草的英格兰贵族，他也算仁至义尽了。而真正对戈德温有知遇之恩的是克努特，至于在哈德克努特和哈罗德之间的选择上，那纯粹是人民内部矛盾；而如果在哈罗德和阿尔弗雷德两人之中选择前者，只能说明戈德温对克努特家族是忠诚的。

而且在当时的情况下，戈德温投靠哈罗德而不是继续与其死磕，客观上避免了内战，维护了英格兰的稳定。当然，戈德温还是算错了一步棋，那就是人的命数，不过这就不是不懂占星术的戈德温能预见的了。

戈德温将那些诺曼武士一人一刀，挖坑埋了（在吉尔福德，近代考古挖掘发现了223具手脚被缚的诺曼武士尸体，可以佐证这一点）。然后带着被捆在马背上的阿尔弗雷德，去见兔子腿哈罗德。

哈罗德见戈德温送来了阿尔弗雷德，喜不自胜。虽然他已经得到北方各路诸侯的拥护，但如果没有全国最大的实力派戈德温的支持，内战恐怕在所难免。现在戈德温不仅亲自来投诚，还献上了阿尔弗雷德，真是天大的好消息。因为戈德温这么做基本上就等同于自绝于艾玛和哈德克努特了。

不过……还不够，一定要戈德温彻底和他们决裂，这样他就不可能再走回头路，可以死心塌地跟着自己了，哈罗德这样想。于是，他先对戈德温的归顺予以赞赏，然后便征求戈德温处置阿尔弗雷德的意见。

戈德温明白，这是加入新团队面试的关键一题，倘若稍微流露出一丝对前朝王子的同情，或者自己稍有犹豫，那以后这位新领导肯定少不了给自己穿小鞋。毕竟手上没沾同一个人的血，人家不太可能把你当成自己人。

戈德温沉着冷静地回复道："关于阿尔弗雷德的处置问题确实比较棘手，一方面他是前朝王子，和丹麦王哈德克努特还是同母兄弟。现在陛下初登大宝，杀了他，恐授人以柄，失了民心；而另一方面，如果留着他，又不免会有好事者，假其名义，兴风作浪。"他停顿一下，看了一眼哈罗德，发现对方不置可否，并示意自己继续往下说。于是他狠了狠心，继续道："不过嘛，自古以来，各国历朝历代的王位竞争者，首先必须得是个健全人，要是领导全英格兰人民的国王是个残疾人，那我国岂不会贻笑于友邦？所以，如果我们能证明阿尔弗雷德有残疾，不具备竞争王位的资格，那您不就高枕无忧了吗？"

哈罗德一听，心说戈德温可真够毒的，不过这也不失为一个好办法。于是,哈罗德派人用烧红的拨火铁棍和阿尔弗雷德的眼睛来了一次亲密接触。后果自不必说,阿尔弗雷德差点儿没当场死去。

阿尔弗雷德"被"残疾后,哈罗德把他放出养伤,并对外宣称,这位前朝王子是盲人,而且很早以前就瞎了。没多久,他就伤治不愈而亡了。

解决了阿尔弗雷德后,哈罗德将艾玛驱逐出境。艾玛跑到了布鲁日,佛兰德斯的首都。

艾玛在佛兰德斯也闲不住,开始出传记。当然,不用她亲自动笔,有的是枪手给她代劳。于是一本在历史上颇具争议的《艾玛王后颂词》(*Encomium Emmae Reginae*,此书为拉丁文)横空出世。

书里对艾玛极力美化,艾玛的名字每次出现,都用黑体加斜体强调。卷首插画上,艾玛头戴王冠,端坐在宝座上,两个儿子垂手侍立,而此书的作者更是双膝跪在艾玛的脚旁,向她呈上此书。

大家都知道,欧洲中世纪的礼仪风俗和中国古代截然不同,即便对君主也是不兴跪拜之礼的。所以当年和珅为了让英使马尔戈尼觐见乾隆时能乾坤一跪,绞尽了脑汁，最后才折中成马尔戈尼单膝下跪，还得忽悠乾隆说英国人种有缺陷，膝盖弯不了，单膝下跪已经是极限。

所以艾玛传记封面的这种画风，在中世纪除了用在赞美基督或圣母的题材外，几乎很少出现。由此可见，作者对艾玛极尽谄媚之能事。此书共分三卷，第一卷追溯了丹麦王朝开国太祖叉子胡斯温和他征服英格兰的"光辉"事迹，第二卷讲的是艾玛第二任丈夫克努特治下的英格兰，最后一卷则是克努特死后的那些事。纵观全书，几乎对艾玛的第一任老公埃塞雷德只字未提，看来那段长达十四年的婚姻，对她来说真的没有什么好回忆的。

书中还大篇幅叙述了艾玛这两任英格兰第一夫人的心路历程，向全欧洲爆料了大量英格兰王室秘闻。

比如，书中说克努特在迎娶艾玛前，就答应了她一个条件，今后他们生的儿子要比艾芙姬芙的儿子有王位继承优先权；还说在艾玛怀着哈德克努特时，英格兰的权贵就表示一旦艾玛生的是男孩，他们就拥护这个男孩为太子，以后接克努特的班。

此外，此书还独家披露，艾芙姬芙根本就是不孕不育患者，瞒着克努特收养了两个男孩，即斯韦恩和兔子腿哈罗德。前者是个鞋匠的儿子，而哈罗德干脆就是一个牧师的私生子。最后是艾芙姬芙软磨硬泡，才让克努特接受了这两个养子。

所有这些很明显是在鼓吹哈德克努特继承王位的合法性，为其夺回英王宝座造势。其中的事例有真有假，比如哈德克努特确实是有王位的优先继承权。不过要说斯韦恩和哈罗德不是克努特的亲儿子，就过于牵强了。虽然当时没法做亲子鉴定，但是古今中外的帝王在子嗣方面基本都是不含糊的，更何况是克努特这号人物。冲着他能让斯韦恩当挪威国王，就说明养子这事根本不成立。

女人骂骂情敌和她的儿子来路不正，这个还好理解。不过接下来艾玛居然指责哈罗德阴险狡诈，假冒自己的名义，伪造书信，邀请阿尔弗雷德回英格兰夺王位，然后设计害死了他。本来并没有什么确凿的史料证明艾玛写信召两个儿子回英格兰，但是艾玛这么一咬哈德，等于不打自招了。

首先她承认了有这么一封信存在——不管是谁写的。而哈罗德是否有伪造这封信的可能性呢？以当时英格兰的情况，哈罗德最大的竞争对手是丹麦的哈德克努特，他要做的是稳健地把整个国家接管过来，不要再节外生枝。如此看来，他除非是脑子进水，才会下套让两个快被遗忘的前朝王子回英格兰搅局。

虽说《艾玛王后颂词》漏洞百出，不过对于史料有限的11世纪的英格兰和斯堪的纳维亚地区来说，也算是弥足珍贵了。专家一度认为此书只有一份手稿传世，保存在丹麦皇家图书馆。可是在2008年，一部14世纪的再抄本突然重现于世，在当时全球经济危机的情况下，被丹麦皇家图书馆以60万英镑的价格竞拍到手。

虽然此书现在几成孤本，可当时艾玛却是做了免费派发活动的，而且本本都是手抄的。这倒不能说明她有匠人精神，而是英国直到1473年才有印刷术使用，所以11世纪的欧洲人的书籍不手抄都不行。而同一时期，我大宋王朝已经开始活字印刷了（毕昇在宋庆历年间发明了活字印刷术）。

书写完后，艾玛还不忘派人给小儿子哈德克努特送去一本。这位丹麦国王对母亲亲自安排的这项家庭阅读作业非常重视，当读到哈罗德设计谋害阿尔弗雷德的桥段时，哈德克努特大为震怒，决定杀回英格兰，找自己同父异母的兄长，为自己同母异父的兄长报仇。

1039年，哈德克努特率舰队从丹麦出发到达布鲁日，和母亲会合，准备进攻英格兰。这次，哈德克努特之所以能从丹麦出发，并不完全是出于对同母兄长阿尔弗雷德惨死的激愤，还因为英格兰那边有人捎话过来，说现在是回英格兰的最佳时机。

但是要想从丹麦脱身，必须先摆平挪威那位少年天子马格努斯。从1036年起，马格努斯和哈德克努特隔着挪威和丹麦之间的斯卡格拉克海峡，打了三年的嘴炮，相互宣称对方的地盘是自己神圣不可分割的领土。可是由于各种国内国际形势所迫，双方除了整军备战，互相叫骂，也无法大打出手。

此时，急于回英格兰的哈德克努特提议，用一种更文明的方式——签一份协议，来解决彼此的争端。

而这个协议非比寻常,因为它是一份生死对赌协议。

1039年的一天,两位年轻的国王在如今瑞典的约塔河(Gota Rive)河畔会面,签署了一份将来会给英格兰带来极大麻烦,并间接地改变英格兰命运的和平条约。和约规定,如果哈德克努特和马格努斯两人中,任何一方先去见了上帝,而又没有法定继承人的话,则活着的一方就可以继承死者的全部领地。

——在二十多年前,克努特和铁人埃德蒙德也签过类似的条约,可惜这回哈德克努特没有他老子的命硬。

哈德克努特在和约生效后的第三年英年早逝,年仅二十四岁。马格努斯又坚挺了五年,不过死时更年轻,才二十三岁,而且两人都没有留下任何男性子嗣。

当然,哈德克努特在签署这份和约时,是不清楚这种生死对赌零和博弈的恐怖性的,以及它会给英格兰和以后的统治者带来的一系列后果。而他只知道,有了这份协议,他就可以安然地离开丹麦,去夺英格兰的王位了。

就在哈德克努特与母亲艾玛在弗兰德斯会合后,

准备进兵英格兰时,一个消息突然传来——兔子腿哈罗德驾崩了。对于这个消息,哈德克努特似乎一点儿也不惊讶,因为此前从英格兰传来的那个消息就是哈罗德已经身患重病,来日无多,所以他才着急赶回。

1040年3月17日,哈罗德永远地离开了他费尽心机才到手的英格兰及其人民,享年二十四岁。他身后留下一群对他又爱又恨的人,其中就包括戈德温。

虽说铁打的江山,流水的国王,在乱世也是常事,但为了重新站队,搭上哈罗德这条船,戈德温跟原来的老领导艾玛和哈德克努特彻底闹翻,反目成仇。他本打算跟着新领导一路干下去的,没想到刚和哈罗德沟通好上下级感情,他就与世长辞了。

戈德温一面怨恨哈罗德,一面又悔恨自己当初没有坚持原则,再多撑几年,耗死哈罗德。

他心里此时的愤懑和恐惧,不是一般派系斗争失利的人能体会到的。可以断定,他要面临的风暴比麦西亚伯爵利奥弗里克那些一开始就拥护哈罗德的人要猛烈得多。

哈罗德死后的第三个月,第三位海归王子哈德克努特率六十二艘战船，在英格兰肯特郡的小镇桑威治（Sandwich）登陆。

就登陆本身而言，完全是一次比演习还要安全百倍的和平行动，因为这次哈德克努特是由英格兰各路诸侯请回来当国王的。由于哈罗德没有男性子嗣，此时从血统和法理上，哈德克努特已经是英格兰丹麦王朝唯一的合法继承人。再者从情理上，人家三太子五年前就应该当国王了。

虽然这是一次和平的权力交接，但是哈德克努特上任后的三把火却充满了硝烟的味道。首先，他向全英各大贵族征收了一笔高达两万一千英镑的特别税，作为给随其来英的那六十二船丹麦军队的返乡遣散费。

虽说这次丹麦的维京人就是当了回水手，根本没打仗，但要让他们大老远白跑一趟空手回去，那就破坏了维京人的规矩，以后哈德克努特也就别在这条道上混了。更何况英格兰的领主之前支持哈罗德，这笔特别税也是对他们的惩戒。

破财免灾也没什么好说的，不过接下来的事情就比较血腥恐怖了。哈德克努特居然下令刨了哈罗德的坟——不管是东方还是西方，人死为大，除非是不共戴天的杀父之仇之类的（比如后来克伦威尔被查理二世挖坟掘墓），一般不会搞这么极端，更何况是对自己同父异母的兄长。可艾玛为了给阿尔弗雷德报仇，便怂恿哈德克努特向贤人会议提出了这一要求。

贤人会议的贤人之前越是忠于哈罗德，现在越忙不迭地想和他撇清关系，所以在刨这位本朝先君坟的大是大非问题上，大家高度一致地表现出了政治正确性，全票通过。

于是尸骨未寒的前领导人哈罗德暴尸坟地，并被当众斩首。这场虐尸活动还不算完，哈罗德无首的尸体又被丢进下水道，后来可能把下水道堵了，残肢破体又被捞出来扔进泰晤士河。最后，几位船上好心的装卸工人将其收殓起来，安葬在一座小教堂边。

眼见已入土的哈罗德都遭受了如此待遇，戈德温不免脊背发凉，感到自己最后的时刻马上就要到了。

果然没过多久，就有人跳出来揭发戈德温是混在革命队伍里的叛徒和敌对分子，杀害阿尔弗雷德的元凶。而这位检举人就是约克大主教阿尔弗瑞克

(Aelfric),此人之前是兔子腿哈罗德的死忠铁粉,当年就是他代替不承认哈罗德王位继承权的坎特伯雷大主教给哈罗德加冕的。

约克大主教一直以来都是英格兰仅有的两位大主教之一,在宗教界的地位仅次于坎特伯雷大主教。在埃塞雷德和克努特统治期间,国家的各类法令和决议甚至常常是由当时的约克大主教伍尔夫斯坦起草的。

坎特伯雷大教堂和约克大教堂一南一北,甚至到现在,这两座大教堂都是英国除西敏寺教堂外,门票最贵的教堂。

不仅如此,作为北方诺森比亚地区首府的约克,由于大量维京人移民,已经成为典型的民族混居区,各种势力盘根错节,在这个地方当大主教,不是属狐狸的都不行。

而阿尔弗瑞克就是这么一只老狐狸。为了讨好哈德克努特,在刨前国王哈罗德坟的问题上,阿尔弗瑞克表现得无比活跃,并且亲自参与了具体的实施细节。即便如此,他还嫌自己不够积极,生怕被当成哈罗德的余毒清除掉。为了防止新任领导的最后一把火烧到自己身上，他决定先把别人咬出来，为新朝新气象添上完美的一笔。

于是，没等哈德克努特开口，阿尔弗瑞克就先把戈德温揭发了，连带伍斯特主教赖芬（Lyfing）一起，都被扣上同一个罪名——参与谋害国王兄长阿尔弗雷德王子殿下。其实赖芬跟这事儿一点儿关系都没有，阿尔弗瑞克完全是觊觎他下辖的伍斯特教区，才顺手捎上他。

阿尔弗雷德被害案可说是当时英格兰天字号第一大案，由国王和王太后亲自指示，贤人会议督办。伍斯特主教赖芬稀里糊涂地被免了职，他的下辖教区直接划归给阿尔弗瑞克。要不是身为教士，有教廷罩着，估计他的下场会很惨。

轮到戈德温了。

贤人会议组成了专案组和特别审判团，审理这位贤人会议的首席贵族。正是这次申辩给了戈德温翻盘的机会。

审判中，戈德温一口咬定，一切都是奉哈罗德之命，自己也是上指下派，出于无奈才不得不为之，并暗示在座的各位审判员，他们自己当时不也都不敢违抗哈罗德的命令吗？况且，《艾玛王后颂词》这本王太后的自传里不是说了，阿尔弗雷德是被哈罗德骗到英格兰的吗？所以哈罗德才应该对此事负主要责任，自己不过是是非不明，盲目执行领导意图。

戈德温还说自己分别在克努特和哈罗德死后，两次表示支持哈德克努特继位，虽然自己在革命低潮期也动摇过，投靠了反动势力哈罗德，但那也是为了保存实力蛰伏起来，当看到革命的曙光再次出现在地平线时，自己又主动派人联系哈德克努特。所以总的来讲，自己的功过怎么也是三七开。

当然，在这个关键时刻，就算唇枪舌剑、口吐莲花，不动些真格肯定无法蒙混过关。于是戈德温下了血本，送给哈德克努特一艘装饰极尽豪华，配备了当时所有黑科技的大船，外带三十名船员。当哈德克努特登上这艘豪华游艇时，发现上面还装满了金银财宝。

要说哈德克努特和兔子腿哈罗德有仇，怨恨戈德温的背叛不假，但是作为一名欧洲中世纪的一国领导人，绝对是和钱没仇的。况且，戈德温的这份孝敬里也暗暗显示出他在海军以及财政上的实力,哈德克努特也不想把这位英格兰政坛的重量级人物彻底逼急,以致兵戎相见。这样一来很可能会导致自己刚刚建立的政权分崩离析。

在戈德温精妙的政治手腕和强大的军政实力的双重作用下,哈德克努特和戈德温重归于好。戈德温继续当他的韦塞克斯伯爵以及贤人会议首席贵族。为了表示忠心,他还带着其他几路诸侯血洗了伍斯特城(位于英格兰中部偏西地带,伯明翰西南四十八公里处),以惩罚当地人杀害两名前来征收丹麦舰队遣散费的王室税务官的行为。

虽然这一行动让英格兰人民更加痛恨新国王,但是戈德温却由此重新赢得了新任领导的信任。正当他觉得终于闯过这一场政治风暴,一切都可以重回正轨时,哈德克努特的一个决定又让他感到了前所未有的危机。

1041年,哈德克努特邀请自己同母异父的兄长忏悔者爱德华从诺曼底返回英格兰,与他一起共治天下。

征服者威廉在码头送别忏悔者爱德华的一幕就此

上演。

让我们再回到1041年那个阳光明媚的早晨。

忏悔者爱德华拍着小威廉的肩膀，微笑着说："孩子，这么多年叔在你家串门，你爷和你爹对我没得说。可惜现在他们都不在了，叔也没法报答他们了。但你记住，叔是不会忘记你们对我的好处的！你叔我本打算一生侍奉万能的主了，所以也没结婚生子。如果这次叔能有幸承继大位，等叔百年以后，就把英格兰这千里江山传给大侄子你了！"

此时的威廉不过十三岁，可能还不太懂继承英格兰对他的意义，现在这一个诺曼底公爵的头衔就差点儿要了他的小命，再多一个英格兰王位，还不知道会有什么麻烦呢！可是威廉身边的大臣和秘书听到爱德华这番话却是激动不已，差点儿当场让爱德华咬破手指，写血书立字据。

爱德华当时并没太在意自己向小威廉许下的这个二十五年后给英格兰带去巨大噩梦的承诺，此刻对他而言，与其说这是承诺，毋宁说是一番感慨。因为他自己都还没有完全从这如梦如幻的现实中平复过来。他真的没有预料到，在有生之年，自己还会再次踏上阔别多年的祖国。

十岁那年，他第一次随父母流亡诺曼底；像小威廉如今这么大的年龄时，又被维京人驱逐到海峡对岸的舅舅家；五年前，他再次躲过劫难，回到这片土地，而他的亲兄弟阿尔弗雷德却永远地埋葬在了那片故土。

如今他已经是三十八岁的中年人了，英格兰的许多位先王都没有活到这个年龄。而他的人生似乎才刚刚开始！

站在诺曼底索姆港清晨的微风中，看着从故乡飘来的云，爱德华极目大海深处，想象着对面的祖国，他又一次问自己，这次是真的回家了吗？

那里有多年未见的母亲，可是她还是当年那个给自己唱摇篮曲的母亲吗？分别二十年后的那次重逢，从她的眼神里，爱德华没有看到自己希冀已久的爱，满是她要成为王太后的欲望，以及对自己不合作的怨恨。

还有那位他从未谋面的同母弟弟，他身上流淌着从母亲那里继承来的亲情和血脉，也同样流淌着从克努特那里继承来的家仇国恨。忏悔者爱德华的家族与丹麦叉子胡斯温家族的恩怨已经三十年了,他的几位亲兄弟就死在斯温祖孙三代手里。

说到仇人,朝秦暮楚的韦塞克斯伯爵戈德温也算一位。即将归乡的王子不会知道,戈德温和自己将会从仇人变成亲人,再从亲人变成敌人,亦敌亦友地度过往后余生。

最后是作为故土的英格兰,经过二十多年的异族统治,那里真的只是物是人非了吗?自己是否还是当年那个初心不变的小王子?乡音无改,只是鬓毛衰而已?

回望身后的诺曼底,这片自己生活那么久的土地,爱德华有一种不似回家倒似离家的感觉。

算了,一切都交给上帝吧!爱德华带着无比复杂的心情,告别了送行的人,登船驶往那个既熟悉又陌生的国度,而等待他的,将是人生又一次大的转折。

忏悔者爱德华及其一行人的归来,受到了以王太后艾玛和国王哈德克努特为首的英格兰各界人士的热烈欢迎。在欢迎宴会上,哈德克努特当众宣布要和自己这位初次见面的兄长共治英格兰，让他当一字并肩王。

这类声明如果放到中国古代，必是帝王虚情假意的客套话外带用心不良的试探，受者必须马上表态自己没有任何野心，并且自此完全退出政治舞台，才有机会躲过灭门之祸。而哈德克努特却是真诚的，这固然是因为中世纪欧洲的君主不谙东方的政治哲学，不过北欧也有国王共治（co-king）的传统。

然而哈德克努特愿意分享自己权力的真实原因却是，他已经来日无多了。

哈德克努特得了肺结核。

要知道，肺结核在中世纪是致命的病，他预感到自己可能将不久于人世，而且还没有任何子嗣。

于是，在和母亲艾玛商量后，哈德克努特决定接同母异父的哥哥爱德华回来，立为 co-king，实际上就是将他定为继承人。

1042 年 6 月 8 日，在一位贵族的婚礼上，哈德克努特于席间举杯祝愿新郎新娘百年好合、身体健康时，突然晕倒，后经多方医治无效，于当晚驾崩，没有留下任何遗言。

哈德克努特死后，忏悔者爱德华作为自阿尔弗雷德大帝以来，韦塞克斯王朝第九任国王埃塞雷德的儿子，第十任国王铁人埃德蒙德的亲弟弟，丹麦王朝第二任国王克努特的继子，第三任国王哈罗德的继兄，第四任国王哈德克努特的同母异父兄长，当之无愧地成为英格兰的新一代领导人。自此，中断了近三十年的韦塞克斯王朝再次复辟。

在三十年的争夺中，韦塞克斯王族和丹麦王族的男人相继死去，忏悔者爱德华成了两个家族当时已知的硕果仅存的男性。最终，两个家族由于他的即位得到了和解（之所以说当时已知，是因为人们此时并不知道在遥远的匈牙利还有一位流亡的盎格鲁-撒克逊王子，他在十几年后才会回到故土）。

六十年来，英格兰也第一次在没有任何流血冲突和内部分歧的情况下和平地完成权力交接。而在外部，挪威国王马格努斯因为那场赌约对这次王位继承的合法性提出了质疑——不过没有关系，暂且不用理会。

自此，维京时代结束，韦塞克斯王朝复辟。英格兰的历史也由此进入了一个新的阶段。